Ontwaken

LOTUS REEKS

Shakti Gawain

Ontwaken

Bewust leven van dag tot dag

Tweede druk

Uitgeverij Ankh-Hermes bv –
Deventer

Oorspronkelijke titel: *Awakening, A Daily Guide to Conscious Living*, New World Library, San Rafael, Verenigde Staten

Vertaling: Jacqueline Moonen

Eerste druk 1992
Tweede druk 1995

CIP-GEGEVENS KONINKLIJKE BIBLIOTHEEK, DEN HAAG
Gawain, Shakti
Ontwaken : dagelijkse gids voor bewust leven / Shakti Gawain ; [vert. uit het Engels door Jacqueline Moonen]. – Deventer : Ankh-Hermes. – (Lotusreeks)
Vert. van: Awakening : a daily guide to conscious living. – San Rafael, Ca.: New World Library, cop. 1991.
ISBN 90-202-5611-4 geb.
NUGI 626
Trefw.: levenskunst / meditatie.

Voor Manuela, met liefde en waardering.

Dankbetuiging

Ik wil mijn uitgever, Leslie Keenan, bedanken voor haar creatieve ideeën, steun en het vele werk dat ze heeft verricht om dit boek samen te stellen. Dank ook aan mijn man Jim Burns voor de vele niveaus van ondersteuning waardoor dit boek tot stand kon komen. En dank aan alle toegewijde mensen bij New World Library die deze boeken en bandopnamen mogelijk maken.

Inleiding

Velen van ons bevinden zich in de wereld van vandaag op een reis naar bewustzijn. We proberen ons eigen leven en dat met anderen samen beter af te stemmen op de wetten van de natuur en de universele principes, zodat we in evenwicht en harmonie met onszelf, elkaar en de aarde kunnen leven. Tegenwoordig is het met de ecologische, maatschappelijke en politieke uitdagingen, waar we ons naast onze persoonlijke kwesties voor geplaatst zien, van wezenlijk belang dat we leren bewuster te leven. Als iedereen de verantwoordelijkheid op zich neemt bewust te leven, kunnen we een voorbeeld stellen, waardoor anderen in onze wereld de kracht zullen hebben hetzelfde te doen.

Leren ons dagelijks leven bewust te beleven is een voortdurend, zich verdiepend proces waar we ons hele leven mee bezig zijn. Daartoe dienen we contact te maken met onze wezenlijke spirituele wijsheid, en die in alle an-

dere lagen van ons wezen te integereren – mentaal, emotioneel en fysiek. Het daagt ons uit oude patronen en overtuigingen te onderkennen en los te laten, en nieuwe wegen op alle gebieden van ons leven in te slaan.
Ik hoop dat dit boek een hulp voor je is in je dagelijks leven. Elke dag heeft een titel, een korte boodschap, en een affirmatie of vraag. Sommige titels zul je inspirerend vinden, andere zullen je aan het denken zetten, en weer andere zullen confronterend zijn – je uitdagen grondiger naar je overtuigingen, gevoelens of manier van leven te kijken. Misschien ben je het eens met wat ik zeg, misschien ook niet; het is mijn bedoeling je bewustzijn van je eigen besef van de waarheid te stimuleren.
Het boek is gerangschikt rondom bepaalde gegevens of thema's, die een dag, meerdere dagen, een tot twee weken of een maand in beslag nemen. Het meeste materiaal is ontleend aan mijn lezingen en interviews. Enkele hoofdstukken zijn afkomstig uit mijn boeken *Mijn Innerlijke Reis* en *Meditaties*. We hebben geprobeerd om de dagelijkse onderwerpen duidelijk te maken, zodat ze voor zichzelf spreken. Maar als je moeite hebt met de terminologie of begrippen kun je de woordenlijst er op naslaan, of mijn andere boeken lezen.

Voor een dieper inzicht in veel van de begrippen die in dit boek worden gehanteerd, raad ik je de boeken of bandopnamen aan van dr. Hal Stone en dr. Sidra Winkelman.
Een manier om dit boek te gebruiken, is het iedere ochtend te lezen. Als de affirmatie goed aanvoelt, herhaal haar dan voor jezelf of schrijf haar in de loop van de dag een paar keer op. Als de affirmatie je niet aanspreekt, verzin er dan een die wel goed aanvoelt. Als je met een vraag zit, stel haar dan aan jezelf, en laat haar een tijdje bezinken. Misschien wil je gedachten of gevoelens die in je opkomen, opschrijven.
Ik hoop dat je plezier aan dit boek zult beleven, en dat je er wat aan hebt.

Met liefde,
Shakti Gawain

Winter

Ontwaken

Iedere ochtend bij het ontwaken hebben we de kans ons leven opnieuw te beginnen; ons inzicht is vernieuwd door wat we de vorige dag hebben geleerd, en door onze nachtrust zijn we weer helemaal opgefrist.
Steeds aan het begin van een nieuw jaar hebben we de bijzondere mogelijkheid een nieuw bewustzijnsniveau binnen te gaan met alle wijsheid die we hebben opgedaan uit de ervaringen van het voorgaande jaar. Dag in dag uit en jaar in jaar uit maken we vorderingen op onze reis naar een groter bewustzijn.

Iedere dag
en ieder jaar
wordt mijn bewustzijn
groter.

2 januari

De reis van het bewustzijn

Bewustwording betekent dat we ons in toenemende mate bewust worden van wat er in en om ons heen gebeurt. We hebben allemaal in een zekere mate van ontkenning geleefd, en we bevinden ons in het proces van ontwaken uit die onbewuste toestand. Bewustzijn heeft niet te maken met een positie innemen of onszelf verbeteren. Het heeft te maken met onszelf leren kennen in al onze vele aspecten, en bijgevolg het leven vollediger te leven. De reis van het bewustzijn duurt ons hele leven. Maar als je er goed over nadenkt, waar is het leven anders voor?

Ik bevind me
op een reis van bewustwording
voor het leven.

Respecteer jezelf

Je bent uniek. Je bent een waardevol en bijzonder onderdeel van het universum. Je bent belangrijk. Je bent hier om te scheppen op je eigen zeer bijzondere manier, een manier waarop alleen jij het kunt. Weet dit in de diepste kern van je wezen.

Ik ben uniek.
Ik draag bij aan het universum
op mijn eigen speciale manier,
nu, op dit moment.

4 januari

Wat wil je?

We willen allemaal bepaalde dingen, hoewel we ons er niet altijd van bewust zijn wat die zijn. Als we in contact kunnen komen met wat we willen, kunnen we het scheppen. Omdat we onze verlangens, gewoon door ons ervan bewust te worden, in ons leven beginnen te manifesteren.

Ik word me bewust
van mijn diepste behoeften
en verlangens.

Bepaal je doel

Als je je eenmaal bewust bent van wat je wilt, kun je de volgende stap zetten: je doel bepalen. Om te ontvangen waar je naar verlangt, moet je actie nemen in die richting. Die actie is niet ingewikkeld. Schrijf gewoon op wat je je voor het komend jaar, de komende vijf jaar, ten doel stelt. Als je het opschrijft, betekent dat nog niet dat je je er aan moet houden. Je doel is altijd in ontwikkeling en aan verandering onderhevig. Maar je moet inzien en onderkennen wat het nu op dit moment is. Dan kun je verder gaan.

Wat is mijn doel
voor dit jaar?
Voor de komende vijf jaar?

6 januari

We krijgen wat we verlangen

Het universum is zo ontworpen dat het ons alles geeft wat we nodig hebben en willen. Het zijn in feite onze eigen angsten en gevoelens van onwaardigheid, schaamte en twijfel die ons ervan weerhouden de onvoorstelbare overdaad, volheid en goedheid van het leven te ontvangen.

Terwijl ik
het universum leer vertrouwen,
ontvang ik alles
wat ik verlang.

We scheppen onze eigen werkelijkheid

We scheppen ieder moment onze eigen werkelijkheid, of we ons daar nu wel of niet van bewust zijn. Als we ons er niet van bewust zijn, scheppen we haar uit gewoonte en oude patronen. Als we steeds bewuster worden, zijn we beter in staat te scheppen waar we echt naar verlangen.

Ik schep
mijn eigen werkelijkheid,
iedere dag opnieuw.

8 januari

Ons leven is onze schepping

We dienen te onderkennen hoe onvoorstelbaar ons leven al is, en derhalve hoe krachtig we zijn. We hebben tot nu toe een heleboel unieke, interessante, zelfs verbazingwekkende ervaringen geschapen in ons leven. We hebben een aantal boeiende karakters aangetrokken in het toneelstuk van onze persoonlijke werkelijkheid. Die mensen en ervaringen zijn allemaal spiegels van onze creativiteit. Hoewel we allemaal in staat zijn nog betere en meer bevredigende werkelijkheden te scheppen, is wat we reeds hebben gemanifesteerd een sterk bewijs van hoe krachtig ons wezen in feite is.

Mijn leven
is een uitdrukking
van mijn eigen creativiteit.

Het leven is eenvoudig

Het leven is veel eenvoudiger dan de meesten van ons denken. We vechten zo hard en proberen onszelf te verbeteren, proberen te groeien, proberen bewust te worden, proberen iets te bereiken in de wereld. We dienen ons te ontspannen, open te stellen en onszelf toe te staan te ontvangen van de levenskracht in ons en overal om ons heen. Het leven probeert ons altijd te brengen wat we willen en nodig hebben, maar meestal gaan we zo snel en doen zo hard ons best dat we het niet merken!

Ik sta open
om te ontvangen
wat zich vandaag op mijn weg voordoet.

10 januari

We hebben allemaal een rechtstreekse verbinding met de waarheid

We hebben allemaal de wijsheid van het leven in ons, en we hebben allemaal op ieder moment een rechtstreekse verbinding met die waarheid. Als we kunnen luisteren naar onze intuïtie en erop vertrouwen, zal ze ons leiden. Ze zal ons stap voor stap laten zien wat we moeten doen en moeten weten, ieder moment van ons leven, als we er voor open staan.

Mijn intuïtie
leidt me
door het leven.

Het leven is een ontdekkingsreis

Het leven is een ontdekkingsreis. We dienen vrijer te worden om het zo te kunnen beschouwen. We zijn geneigd alles wat we doen te serieus op te vatten, en hebben het gevoel dat elke handeling het gewenste resultaat op moet leveren. Als we daarentegen het leven kunnen beschouwen als een ontdekkingsreis, zijn we vrij meer dingen uit te proberen. We kunnen onze keuzes *onderzoeken* en in dat proces veel verschillende aspecten van onszelf *ontdekken*. Die houding biedt ons meer mogelijkheden.
Als sommige dingen die je probeert niet werken, laat ze dan gewoon los. Denk niet dat als je iets begint, je het af moet maken. Het is goed te onderzoeken en van dat ontdekkingsproces te leren.

Ik ben bereid
iets nieuws te
ontdekken.

12 januari

Leef met hartstocht

Wat doe je uit schuldgevoel of omdat je denkt dat je het doen moet? Vraag jezelf in plaats daarvan af wat je echt graag *zou willen* doen. Doe wat goed voelt, en dat zal je bevrediging schenken. Leef je leven met hartstocht, op een manier die betekenisvol en leuk is.
Hoe kunnen we een wereld van vervulling en vreugde scheppen als we niet beginnen zo op ieder moment te leven?

Terwijl ik het
'moeten' en gevoelens van schuld
loslaat, doe ik waar ik
plezier in heb.

Spontaniteit

Spontaniteit is de kwaliteit van leven in het nu en waarlijk je eigen energieën volgen, terwijl je volledig en vrij op de levenskracht meestroomt. Het is een heerlijk gevoel jezelf toe te staan volkomen spontaan te zijn.
Onze cultuur hecht over het algemeen meer waarde aan structuur, planning en discipline dan aan spontaniteit. Spontaniteit wordt gelijk gesteld met kind zijn. Zelfs als kinderen waren velen van ons gedwongen onze spontaniteit in te houden. Als volwassenen worden we zeker geacht ons te gedragen op een rationele, beheerste manier. De meesten van ons zijn dus de verbinding met onze ware, spontane aard kwijtgeraakt. Een van de meest diepgaande dingen die je kunt doen in je genezingsproces, is opnieuw contact maken met je natuurlijke spontaniteit.

Iedere dag
leer ik me totaler en vrijer op de
levenskracht te bewegen.

14 januari

Verlies van spontaniteit draagt bij tot verslaving.

Sommige mensen vangen het onderdrukken van hun natuurlijke spontane aard op door drugs te gebruiken. Alcohol en drugs verlammen tijdelijk het 'controlerende' gedeelte van de psyche dat geneigd is alles te onderdrukken wat maatschappelijk minder aanvaardbaar is. Hierdoor is een tijdelijke uitbarsting van spontane energie mogelijk. Helaas vindt deze uitbarsting plaats op een vervormde, onnatuurlijke en vernietigende manier, en leidt uiteindelijk tot verdere onderdrukking.
Voor het genezingsproces is het nodig dat we onszelf niet langer manipuleren met kunstmatige middelen en onze eigen psyche leren kennen. We moeten de steun zoeken die we nodig hebben om te leren vertrouwen op ons natuurlijk, voelend zelf, en dat de ruimte geven zich op een gezonde manier in ons leven uit te drukken.

Ik uit mezelf
spontaan, op een natuurlijke, creatieve
en gezonde manier.

Spontaniteit kan het gevoel geven dat je de controle verliest

Spontaniteit kan beangstigend aanvoelen, omdat het betekent dat we onze eigen vooropgezette ideeën loslaten en vertrouwen op het moment, waarbij we de levenskracht door ons heen laten stromen. Het betekent een risico nemen en de controle loslaten. In het begin is het moeilijk, vooral als we hebben geleerd spontaniteit te wantrouwen. Maar als we dat contact met het moment voelen, is het heel vervullend. Als we vrij zijn onze eigen spontane gevoelens te volgen, staan we open voor het universum, en laten we meer mogelijkheden en meer creativiteit in ons leven toe. Begin met jezelf toe te staan spontaner te zijn in kleinere dingen, op momenten dat je je betrekkelijk veilig voelt. Spontaniteit zal van nature toenemen als je leert erop te vertrouwen.

Ik vertrouw op het universum en laat het via mij werken.

16 januari

Discipline kan plezier ondersteunen

Sommige mensen zijn heel spontaan. Ze reageren heel spontaan op het leven en zijn vaak gericht op het nastreven van plezier en pret. Het zijn meestal creatieve en artistieke mensen, en het is boeiend in hun nabijheid te verkeren. Soms lijden ze onder gebrek aan succes of erkenning in de wereld, omdat ze bang zijn voor de eigenschap van discipline en structuur en daar niet over beschikken. Ze dienen te leren dat discipline plezier en creativiteit kan ondersteunen. Ze kan bijdragen tot levensvreugde. Ze hoeft niet hun levenskracht te verstikken; ze brengt gewoon hun leven in evenwicht.

Ik leer
discipline en spontaniteit
met elkaar in evenwicht te brengen.

Het evenwicht tussen spontaniteit en discipline

Spontaniteit en discipline werken samen in je leven. Het is goed om over structuur en organisatie te beschikken als je iets nieuws probeert om je een gevoel van veiligheid en richting te geven. Discipline ondersteunt het leerproces. Het geeft je een idee van wat je aan het doen bent en je krijgt er vertrouwen door. Als je dan de technische aspecten beheerst, kun je spontaner worden.

Discipline kan ons bepaalde technische handvatten en een bepaalde structuur geven, die vervolgens de creatieve geest ondersteunen. Als je muziek studeert, moet je eerst de toonladders leren spelen. Dan, als je de toonladders beheerst, word je spontaan in het uitdrukken van je eigen gevoel en improviseer je, waarbij je de levenskracht door je heen laat stromen.

Via discipline
en spontaniteit druk ik mij
creatief uit.

18 januari

Schep een positieve structuur in je leven

Of je nu meer spontaniteit of meer discipline nodig hebt, het aanbrengen van structuur in je leven kan je helpen een evenwicht tussen die kwaliteiten te vinden. Ieder van ons moet een bepaald aantal uren per dag werken, een bepaalde tijd per dag spelen, en iedere dag wat tijd hebben voor ontspanning. We hebben tijd nodig om onze taak te vervullen, en tijd voor intimiteit met onze geliefden. De meesten van ons vinden het moeilijk het juiste evenwicht te vinden. We moeten een dag- en weekindeling maken waarin voor al onze elementaire behoeften ruimte is.

Ik maak een evenwichtig schema voor mezelf.

Zoek je eigen ritme

Het is heel belangrijk een schema te maken dat je echt biedt wat je nodig hebt, zodat je niet in de verleiding komt er tegen in opstand te komen. Als je schema alleen ruimte laat voor wat je moet doen en niet voor wat je wilt doen, zal het niet werken; je zult het eruit gooien. Laat in je structuur ook tijd en ruimte voor spontaniteit. Je probeert jezelf ruimte te geven voor creativiteit, niet die te verstikken. Maak een lijst van prioriteiten, en de hoeveelheid tijd die je voor elk afzonderlijk nodig hebt. Houd rekening met je verantwoordelijkheden en de behoeften van de mensen in je omgeving. Breng alles vervolgens onder in een weekschema. Zoek je eigen ritme. Doe waar je zin in hebt, wat goed voor jou werkt, wat je een gevoel van evenwicht geeft en bijdraagt aan je gevoel van welzijn.

Ik zoek in mijn leven het
evenwicht tussen werken en spelen,
mijn verantwoordelijkheid naar anderen
en mezelf.

20 januari

Volmaaktheid is eigen aan het proces

Het leven van de mens is van nature vol van kwetsbaarheid, beproeving, fouten en leren. Het is niet realistisch van onszelf te verwachten dat we volmaakt zijn of volmaakte resultaten bereiken.

We moeten niet langer proberen volmaakte resultaten te boeken of aan volmaakte normen te voldoen, maar de aangeboren volmaaktheid van het proces of de reis onderkennen. De levenskracht heeft een ongelooflijke volmaaktheid in zich. Naarmate we leren de levenskracht te zien en te volgen, zullen we de volmaaktheid van het proces zien. We zullen zien hoe alles wat we moeten leren op een wonderlijke manier, die we nooit zouden hebben kunnen bedenken of begrijpen, op onze weg komt.

Ik aanvaard
de volmaaktheid van
mijn proces.

Vertrouw op je hogere kracht

In ons is een of andere hogere intelligentie aan het werk. Ze weet wat ze doet en probeert ons op ieder moment te leiden, de weg te tonen, ons te leren en van ons te houden. Ze probeert ons alles wat we kunnen zijn, te laten worden. Om dat te kunnen doen, moet ze ons door ons eigen genezingsproces begeleiden. Dat kan zo nu en dan heel onaangenaam zijn. Maar uiteindelijk zien we de noodzaak en volmaaktheid van elke stap die we op de reis hebben gemaakt.

Ik leer mijn hogere kracht
onderkennen en aanvaarden.
Ik leer haar vertrouwen
en me erop te verlaten.

22 januari

We zijn al waar we moeten zijn

Als mens proberen we altijd ergens heen te gaan. Velen van ons zijn op zoek naar succes omdat we denken dat dat ons geluk of de waardering van de wereld zal brengen. Zelfs als we in een proces van persoonlijke groei en bewustwording zitten, hebben we nog steeds het idee dat we zeker niet willen zijn waar we ons nu bevinden – we proberen een betere plek te bereiken. En als we die plek hebben bereikt, zal alles op de een of andere manier goed zijn. Maar bewustzijn kunnen we niet ergens anders vinden; het geschiedt door ons bewust te zijn van waar we ons nu op dit moment bevinden.

Als we proberen ergens anders heen te gaan, kunnen we het proces niet waarderen. Als we van het proces zelf beginnen te genieten, hoeven we ons niet langer zorgen te maken, en raken we geheel betrokken bij de boeiende reis die zich elk moment van de dag ontvouwt.

Vandaag probeer ik niet ergens anders te komen. Ik ben me bewust van waar ik me nu bevind.

We zijn leerlingen

We zijn allemaal geneigd onszelf te bekritiseren. We zijn er heel goed in uit te zoeken wat er aan ons mankeert. We halen onszelf voortdurend neer, omdat we niet alles precies goed doen en omdat we nog niet volmaakt zijn. Het doet pijn zo te leven. Als je jezelf op de huid zit, kun je niet leren. We zijn hier om te leren. We zitten op school. We zijn kinderen. Als we al verlicht waren, hoefden we niet hier te zijn.

Het leven is mijn school,
en ik ben hier om te leren.

24 januari

Je hebt een leraar in je

Je hebt een leraar in je. Het is je eigen hoger zelf. Het is altijd bij je, ieder moment, of je het nu wel of niet voelt. We hoeven alleen maar in onszelf te keren en te vragen om de leiding, waarheid, steun, liefde en aanmoediging die we nodig hebben. Als we om leiding vragen, komt die onmiddellijk naar ons toe. Niet altijd op de manier waarop we denken dat het zou moeten, maar wel altijd.

Mijn intuïtieve wijsheid
leidt me stap voor stap langs
mijn eigen speciale weg.

Overal om ons heen zijn boodschappen

Boodschappen uit het universum komen op bijzondere manieren door. Er kunnen hele letterlijke en hele specifieke dingen gebeuren om je te laten zien wat je eigen ziel aan jou probeert mee te delen. Misschien moet je een rationele conditionering loslaten om zelfs het idee toe te staan dat er een hogere kracht kan zijn die weet wat ze doet en die met jou probeert te communiceren. Maar als je je wel openstelt voor het idee dat er een hogere kracht is die probeert jou te leiden, zul je boodschappen beginnen te ontvangen van je intuïtie en je dromen, en door gewoon de gebeurtenissen in je leven gade te slaan.

Ik word me bewust
van alle boodschappen uit het
universum.

26 januari

Het leven probeert ons nooit te zeggen dat er iets mis is met ons

Het universum probeert ons altijd te laten zien hoe we beter tot ons recht kunnen komen. De pijnlijke lessen die we krijgen, tonen ons altijd dat we geen vertrouwen hebben in onszelf, niet van onszelf houden, of dat we niet eerlijk uitdrukking geven aan onszelf of goed voor onszelf zorgen. Op de een of andere manier respecteren we de relatie met onszelf niet volledig. Het universum probeert ons te laten zien hoe we onze kracht, waarheid en creativiteit in ons leven tot uitdrukking kunnen brengen, en hoe we onszelf beter kunnen vertrouwen en meer van onszelf kunnen houden.

Ik respecteer mezelf
voor wie ik ben. Iedere dag word ik
steeds meer mezelf.

Aanvaard ook de moeilijke tijden

Aanvaard wat er vandaag naar je toekomt. Er is veel rijkdom, zelfs in moeilijke tijden. Natuurlijk zouden we willen dat we die perioden sneller achter ons konden laten, maar elke keer wanneer we iets pijnlijks, verwarrends, duisters of moeilijks doormaken, wordt het iets gemakkelijker erop te vertrouwen dat het resultaat positief zal zijn.

Als je gefascineerd raakt door het proces zelf, kun je alles gebruiken als een ervaring om te leren. Het duurt niet zo lang voordat je naar de situatie kunt kijken en zien waar het om gaat, waarom je iets door moet maken, of wat het je oplevert.

Ik aanvaard wat ik
nu doormaak als deel van mijn
leerproces.

28 januari

Iedere dag is gevuld met geschenken

Iedere dag is gevuld met vele lessen en leringen, die in feite verborgen geschenken zijn. Vaak bieden we aanvankelijk weerstand aan die ervaringen, en zouden we willen dat er in plaats daarvan iets anders gebeurde! Het leerproces is gemakkelijker als we tegen onszelf kunnen zeggen: 'Het leven biedt me nu een geschenk aan. Het laat me iets zien over mezelf, iets dat ik echt wil leren. Kijk eens hoeveel ik al heb geleerd. Kijk eens hoe ver ik al gekomen ben. En nu is hier het volgende dat ik moet leren.' Soms voelen die ervaringen pijnlijk aan, maar als we open kunnen staan voor de heling die ervan uitgaat, kunnen we de geschenken die ze brengen, herkennen en er dankbaar voor zijn.

Welke geschenken
ontvang ik vandaag van het universum?
Wat moet ik leren?

Zoek naar de humor in het leven

Het universum heeft een goed gevoel voor humor als je bereid bent er naar te kijken. Als je je leven begint te zien als een reis die zich in een bepaalde volgorde met een specifiek doel ontvouwt, begin je de hand van het universum op allerlei humoristische, speelse en zelfs ondeugende manieren te zien. Toeval of synchroniciteit doen zich voor, of ironische dingen gebeuren als je het wilt zien.

Als ik me openstel voor
de speelsheid in het universum,
zie ik de humor ervan op
veel verschillende manieren.

30 januari

Vraag het je hogere kracht

Als je je verward voelt of onzeker, als je niet weet in welke richting je moet gaan, of wat je nodig hebt, of wat je geacht wordt te leren, vraag het dan gewoon. Het is moeilijk daar steeds aan te denken, maar het is heel belangrijk. Vraag iedere dag welke richting je moet gaan, wat je moet weten, of wat je leert van deze ervaring. Blijf vragen en blijf open totdat de antwoorden komen. Als je het nog steeds niet zeker weet, kun je om een teken vragen. Blijf open voor alles wat er komt.

Als ik het mijn
hogere kracht vraag, wordt het antwoord
aan mij geopenbaard.

Houd van jezelf

Houd van jezelf omdat je de moed hebt gehad op het fysiek plan te komen en te trachten deze bijzonder moeilijke reis te ondernemen. Houd van jezelf voor het contact dat je hebt met de kracht van het universum. Houd van jezelf vanwege je prachtig mens-zijn, je kwetsbaarheid, je verwarring, zelfs je onwetendheid. Houd van jezelf vanwege het kind dat je bent. Je bent hier in je onschuld om te groeien en te leren.

Ik houd van mezelf
en respecteer
mezelf.

1 februari

Angst voor leegte

Overeenkomstig de mate waarin we het contact zijn verloren met het wezen van onze geest en de levenskracht van het universum, voelen we een leegte in ons, een eenzaamheid, het gevoel dat er iets ontbreekt. Dat is vreselijk beangstigend, dus scheppen we activiteiten om onszelf bezig te houden en op die manier die gevoelens te vermijden. Als we alle verwoede handelingen zouden staken, zouden we onze wezenlijke leegte en betekenisloosheid ervaren. Dat is natuurlijk precies wat we moeten doen. Ironisch en paradoxaal genoeg stellen we ons als we de leegte binnengaan, open om opnieuw contact te maken met de ziel, en opnieuw vanuit onze spirituele bron vervuld te worden.

Ik maak contact
met mijn diepe
innerlijke gevoelens.

Verstilling

Verstilling is iets dat in onze cultuur niet wordt gewaardeerd en waar we enigszins bang voor zijn. We ontwikkelen niet de kunst van de verstilling, die wezenlijk is voor meditatie – op fysiek, emotioneel en mentaal niveau voldoende verstillen om het spiritueel niveau te ervaren. In de verstilling staken we de verwoede handelingen en zien die innerlijke plek van leegte of eenzaamheid onder ogen. Door lang genoeg bij de pijnlijke gevoelens te blijven zodat we ze kunnen doorleven, maken we contact met ons diepste wezenlijke zelf en komen we opnieuw in contact met een universeel gevoel van eenheid met alles.

Verstilling kan een bijzonder zegenrijke toestand zijn als je jezelf toestaat fysiek, mentaal en emotioneel lang genoeg stil te zijn om echt contact te maken met de ziel.

Ik cultiveer de
kunst van de
verstilling.

3 februari

Neem iedere dag even tijd om stil te zijn

Het is van wezenlijk belang dat je iedere dag de tijd neemt om even rustig bij jezelf te komen. De twee gemakkelijkste tijdstippen om even stilte te vinden of wat te mediteren liggen voor de meeste mensen tamelijk vroeg in de ochtend.

Stilte vinden kan bijzonder effectief zijn, zelfs al is het voor heel korte tijd. Denk niet dat je een uur of zelfs een half uur moet mediteren. Vijf of tien minuten kunnen heel goed werken als je weet hoe je je kunt ontspannen en opgaan in de diepste plek die je in die korte tijd kunt bereiken. Laat je geest los en ga op in je wezen. Het voelt alsof je op iets heel zachts terecht komt. Als je geest te actief is en er te veel gebeurt, kan het zijn dat je die plek niet bereikt. Door te oefenen kun je leren er tamelijk snel in terecht te komen.

Vandaag en iedere dag
neem ik de tijd om
stilte te vinden.

Heel worden

Het universum bestaat uit een oneindig aantal wezenlijke kwaliteiten, energieën of archetypen. Al die energieën zijn in ieder van ons aanwezig. Onze taak naarmate we hele, gerealiseerde mensen worden, is zoveel mogelijk van die kwaliteiten in ons leven zo volledig mogelijk te ontwikkelen en tot uitdrukking te brengen. Het leven leidt ons altijd in de richting die ons zal helpen de kwaliteiten te ontwikkelen die we het meest nodig hebben.

Iedere ervaring
op mijn reis helpt me
heel te worden.

5 februari

Paradox

De aard van het fysiek niveau is dualiteit. Dat betekent dat er voor iedere waarheid een gelijkwaardige en tegengestelde waarheid bestaat. Dat lijkt paradoxaal voor ons, en is moeilijk voor ons te accepteren, omdat we zo gewend zijn aan het lineaire denken. Voor onze logische linkerhersenhelft is deze paradox moeilijk te bevatten. We moeten putten uit onze meer intuïtieve, holistische rechterhersenhelft om het geheel te begrijpen en te zien dat waarheid in paren van tegenstellingen komt. We moeten al die tegenstellingen onderzoeken en begrijpen.

Ik accepteer
de paradoxen in mijn leven
en stel me open om
er van te leren.

Het leven is vol polariteiten

Het leven is vol tegenstellingen en polariteiten. Als we daadwerkelijk al die tegenstellingen van het leven in onszelf kunnen bevatten, opnemen en accepteren, als we daadwerkelijk het vermogen hebben al die tegenstellingen tot uitdrukking te brengen, zijn we vervulde, bewuste, verlichte mensen. En pas als we al die tegenstellingen hebben, zijn we compleet.

Alle polariteiten
van het leven bestaan
in mij.

7 februari

De weg naar de ene kwaliteit leidt via de tegengestelde kwaliteit

Teneinde een bepaalde energie volledig tot uitdrukking te kunnen brengen, is het nodig de tegengestelde polariteit te integreren. Je kunt zelfs zeggen dat de weg van de ene kwaliteit via de tegengestelde kwaliteit loopt. Je kunt bijvoorbeeld pas echt sterk zijn als je je zwakte of kwetsbaarheid volledig hebt geaccepteerd. Om een groot leermeester te zijn moet je ook bereid zijn te leren. En iemand die waarlijk wijs is, accepteert zijn eigen dwaasheid.

Ik stel me open
om nieuwe energieën te ervaren
die tegengesteld zijn aan de energieën
waar ik me het best bij thuis voel.

Het leven leidt ons naar onze tegenpool

De meesten van ons kunnen heel goed één kant van een polariteit accepteren en tot uitdrukking brengen, maar hebben moeite met de andere kant. Het kan ook zijn dat we ons veilig in het midden houden, maar bang zijn om een van de uitersten tot uitdrukking te brengen. Als we ons hebben geïdentificeerd met de ene polariteit duwt het leven ons in de richting van de tegenpool. Als we ons veilig voelen in het middengebied, dwingt het ons in beide richtingen, of leidt ons eerst in de ene richting en vervolgens in de andere. In veel gevallen geschiedt dit via relaties. De mensen met wie we een relatie hebben, dwingen ons vaak dat deel van onszelf te ervaren dat we nog niet hebben leren uitdrukken.

Bij welke kwaliteiten voel ik me veilig en welke kwaliteiten kan ik tot uitdrukking brengen? Wat zijn de tegenpolen hiervan? Voel ik me daarbij op mijn gemak?

9 februari

Neem de tegenstellingen in je op

Omgaan met polariteiten betekent niet die delen van onszelf afwijzen waar we ons niet veilig bij voelen. Het betekent ons verruimen om ze in ons op te nemen. Zie jezelf als een cirkel waarin de diverse polariteiten zich tegenover elkaar bevinden. In plaats van je uit sommige delen terug te trekken, maak je de kring groter.

Ik verruim mezelf om
de polariteiten in mijn leven
in me op te nemen.

Geen enkel deel van ons is negatief

We beoordelen sommige van onze gevoelens, gedachten en energieën negatief, en andere aspecten van onszelf en het leven noemen we positief. We proberen de negatieve dingen kwijt te raken en alleen de positieve dingen te ervaren. Maar de dingen die we negatief noemen, zijn juist de dingen waar we bang voor zijn of die we niet begrijpen. We willen ze niet ervaren, dus noemen we ze negatief. We maken ze slecht en proberen ze kwijt te raken. Maar ze kunnen nooit weggaan omdat ze een deel van onszelf en het leven zijn.

Ik ben bereid
naar de 'negatieve' kanten in mezelf
te kijken.

Welk deel van jezelf blokkeer je?

Door energie in onze 'negatieve' kant op te slaan en te blokkeren, beperken we onze eigen kracht. Door steeds meer energie te besteden in een poging de deur van de opbergkast van ons 'negatieve' ik op slot te houden, en niet de aspecten van onszelf te ervaren die we negatief en beangstigend vinden, putten we onze levenskracht uit. We gaan letterlijk dood omdat we onze energie gebruiken om onze energie af te sluiten!
Het leven probeert ons te leren hoe we de deur open kunnen maken en kunnen kijken naar die delen van onszelf die ons angst inboezemen, waar we een afkeer van hebben, die we slecht, lelijk, afschuwelijk en beangstigend vinden. Het leven helpt ons de verborgen aspecten van onszelf die we nodig hebben, graag willen, waar we echt niet buiten kunnen, te ontdekken.

Ik leer
alle kanten van mezelf
te accepteren.

Alles in het universum wil worden bemind

Alles waar je een hekel aan hebt, wat je afwijst, waar je aan probeert te ontkomen of wat je kwijt wilt, blijft aan je kleven. Het prikkelt je en achtervolgt je. Het vliegt je recht in het gezicht. Dat komt omdat alles in het universum wil worden bemind. Het is een zeer eenvoudig principe!
Alles in de schepping wil worden bemind, gewaardeerd en opgenomen worden in het leven. Alle kwaliteiten of energieën die je niet ervaart of in je leven tot uitdrukking brengt, achtervolgen je totdat je ze accepteert en integreert.

Is er iemand die of iets
dat me dwarszit?
Zou het een deel van mezelf kunnen
vertegenwoordigen dat bemind wil worden?

13 februari

Je bent een veelzijdig wezen

Het is wezenlijk voor ons dat we accepteren dat we veel tegenstrijdige aspecten in onze persoonlijkheid hebben. We kunnen niet van onszelf verwachten dat we totaal consequent zijn. In plaats daarvan moeten we uitgaan van het standpunt dat we alle tegenstrijdige en afwisselende aspecten van onszelf accepteren en onszelf zien als een veelzijdig wezen. Hoe kunnen we ons zo verruimen dat onze vele facetten in ons leven kunnen stralen en tot uitdrukking kunnen komen?

Ik verheug me in
alle facetten van mijn wezen en
breng ze tot uitdrukking.

De liefdesrelatie met het universum

De twee wezenlijke principes van het leven worden in de oosterse filosofie yin en yang – mannelijk en vrouwelijk – genoemd. Het energieritme tussen deze twee polariteiten schept de dans van het leven.
Het vrouwelijk principe in ons is het ontvankelijk, vrouwelijk, voelend aspect van onszelf. Het mannelijk principe komt tot uitdrukking in onze kracht en het vermogen ons ergens op te richten en actie te ondernemen. Als we deze twee aspecten van onszelf in evenwicht en harmonie brengen en in onszelf verenigen, scheppen we de liefdesrelatie van het universum in ons eigen wezen.

De liefdesrelatie
van het universum komt in mijn
leven tot uitdrukking.

15 februari

De polariteiten in ons

Hier zijn enkele paren van tegenstellingen of polariteiten:

mannelijk	vrouwelijk
doen	zijn
actief	passief
rationeel	intuïtief
sterk	kwetsbaar
gestructureerd	spontaan
materieel	spiritueel
serieus	speels
verantwoordelijk	zorgeloos
gevend	ontvangend
intellectueel	emotioneel

Bij welke eigenschappen voel je je veilig en/of welke komen in je persoonlijkheid tot uitdrukking? Welke eigenschappen moet je accepteren of ontwikkelen?

Ik leer mijn
tegengestelde polariteiten
accepteren en ontwikkelen.

We moeten zijn en doen in evenwicht brengen

Twee van de meest elementaire en belangrijke polariteiten die we in evenwicht moeten brengen, zijn de energieën van zijn en doen. Zijn is het vermogen volledig aanwezig te zijn in het nu met een open, ontvankelijk bewustzijn – gewoon ervaren. Doen is het vermogen je door de tijd te bewegen met gerichte aandacht om een specifieke taak uit te voeren. Zijn is het wezen van de vrouwelijke energie. Doen is het wezen van de mannelijke energie. Als man of vrouw hebben we beide energieën in ons. De meesten van ons voelen zich veiliger bij de ene dan bij de andere polariteit, en derhalve hebben we de ene kwaliteit meer ontwikkeld dan de andere. Maar om een evenwichtig leven te leiden, moeten we ons vermogen zowel te zijn als te doen volledig ontwikkelen.

Vandaag
neem ik de tijd om te zijn
en te doen.

17 februari

Onderken de waarde van zijn

In onze cultuur wordt de mannelijke energie meer gewaardeerd dan de vrouwelijke energie. Derhalve wordt er meer waarde gehecht aan het doen, en wordt het doen meer ontwikkeld dan het zijn. Het is zelfs zo dat zijn niet wordt beschouwd als een rechtmatige of belangrijke manier om de tijd door te brengen. Als we niet actief iets doen of uitvoeren, hebben we het gevoel dat we onze 'tijd verspillen'. Vanwege deze tendens dwingen de meesten van ons zichzelf meer te doen dan onze natuurlijke energie toestaat. We putten onszelf voortdurend uit, en gebruiken cafeïne en andere stimulerende middelen om onszelf aan de gang te houden. Zelfs mannen en vrouwen die goed zijn in het zijn, en hun tijd vaker op die manier doorbrengen, respecteren zichzelf vaak niet of worden niet door anderen gerespecteerd vanwege hun vermogen te zijn. We moeten het zijn naar waarde schatten.

Ik waardeer de tijd
die ik doorbreng met zijn.

Ontwikkel de kunst van het zijn

Het wordt tijd de kunst van het zijn te ontwikkelen en waarderen. Zijn is een intens vervullende en bevredigende ervaring, die ons in staat stelt te communiceren met ons diepere spirituele zelf, met de natuur en met elkaar. De tijd die we doorbrengen met zijn vult onze energie aan en vernieuwt haar; heelt ons lichaam, onze geest en onze ziel; vervult ons met inspiratie; en maakt het leven de moeite waard.

Ik leer
de kunst van het
zijn.

Zijn is niet vertrouwd

Velen van ons zijn zo weinig vertrouwd met het zijn, dat het beangstigend kan zijn. In onze maatschappij zijn we verslaafd aan doen. We zijn zo geprogrammeerd dat we voortdurend ergens mee bezig moeten zijn, en dat als we niet iets produceren, we onze tijd verspillen. Misschien geven we onszelf de tijd om te zijn, maar worden we ongeduldig en denken we dat er niets gebeurt wat de moeite waard is. Maar tijd om te zijn is heel belangrijk. Niet alleen voedt het ons en vult het onze energieën aan zodat we door kunnen gaan met geven en doen, maar het is ook de tijd om contact te maken met onze innerlijke leiding en inspiratie.

Vandaag en iedere dag
geef ik mezelf tijd om gewoon te zijn,
zonder iets te doen.

Twee manieren om te krijgen wat je wilt

De mannelijke en vrouwelijke energie in ons hebben twee verschillende manieren om te scheppen wat ze in het leven willen. De mannelijke energie krijgt dat door te doen – er achterheen te gaan en te maken dat het gebeurt. De vrouwelijke energie krijgt wat ze wil door te zijn – door te magnetiseren en zich open te stellen om te ontvangen wat ze wil. We moeten beide principes ontwikkelen. We moeten er achterheen gaan en het laten gebeuren als dat nodig is, en we moeten ons ontspannen en het op ons af laten komen als de situatie er om vraagt.

Ik ontwikkel zowel mijn mannelijke
als mijn vrouwelijke manier om te scheppen
wat ik in mijn leven wil.

21 februari

Ontwikkel je primaire manier

Als het er op aankomt onze behoeften in het leven te vervullen, hebben de meesten van ons zich meer verlaten op de ene manier van doen dan op de andere. We voelen onszelf ofwel thuis bij een actieve, mannelijke manier om ons doel na te streven, en koesteren wantrouwen tegen de meer ontvankelijke manieren van zijn; of we verlaten ons op onze vrouwelijke energie om aan te trekken wat we willen, en voelen ons niet veilig bij de meer directe, mannelijke benadering. Hoe het ook zij, we moeten onze primaire manier waarderen en er op gericht zijn de tegenpool te ontwikkelen.

Wat is voor mij de primaire manier
om te krijgen wat ik
wil?

Ontwikkel je tegengestelde manier

Als je er goed in bent wat je wilt na te streven, kan het zijn dat je je vermogen om te ontspannen en dingen en mensen aan te trekken moet ontwikkelen. Als je geneigd bent je in te houden en te wachten tot de dingen op je af komen, is het misschien nodig het risico te nemen om actiever je doel na te streven. Verruim jezelf om een andere kant van jezelf te ontdekken.
Kies de affirmatie die je helpt je minder vertrouwde manier te ontwikkelen, of gebruik beide:

Ik leer
te krijgen wat ik wil door:
a. rechtstreeks, gericht, assertief te handelen;
b. ontspannen, ontvankelijk te zijn.

23 februari

Te veel keuzemogelijkheden

In onze tijd is het hebben van te veel keuzemogelijkheden een heel wezenlijk probleem. Het kan moeilijk zijn de keuzes te maken die nodig zijn om ons leven eenvoudiger te maken, vanwege de geweldige angst dat als we nee tegen iets zeggen, we de boot zullen missen. We willen overal naar toe en alles doen. Daarin komt onze overactieve mannelijke energie tot uitdrukking. De mannelijke energie in ons zoekt bevrediging via het onderzoeken en ontdekken van dingen buiten onszelf. Die energie is prachtig als ze niet uit evenwicht is.

Ik laat
onnodige keuzemogelijkheden
los.

Eenvoud vinden

Om evenwicht te vinden moeten we naar binnen keren en contact maken met onze vrouwelijke energie. De vrouwelijke energie heeft een gevoel van vervulling en tevreden zijn met het nu van binnenuit. Ze brengt ons in contact met onze innerlijke bron. Van daaruit kunnen we ons de vraag stellen: 'Wat wil ik echt en heb ik echt nodig? Welke richting moet ik echt opgaan?' We kunnen bepalen welke activiteit nodig en betekenisvol is en de rest loslaten. Het leven kan eenvoudiger en vervullender worden.

Wat zijn de belangrijkste
prioriteiten voor vandaag?
Kan ik een paar dingen die
niet zo belangrijk zijn, loslaten?

25 februari

Het leven hoeft geen strijd te zijn

We hebben van onze ouders en onze cultuur de diepe overtuiging geërfd dat het leven een strijd is, en dat we ons heel wat inspanning moeten getroosten om aan onze behoeften te voldoen en ons doel te bereiken. Maar zo hoeft het niet te zijn. Dit idee is voor velen van ons heel moeilijk te accepteren, omdat alles wat geen strijd is ons vreemd is en onwennig aanvoelt. We kunnen beginnen de strijd los te laten en het leven gemakkelijker te laten zijn. Natuurlijk zijn er uitdagingen en moeilijke tijden in ieder leven. Maar in wezen is het leven voorbestemd een eenvoudige, natuurlijke stroom te volgen.

Vandaag laat ik
de behoefte om ergens voor te vechten los.
Ik sta mijn leven nu toe gemakkelijker
te worden.

We zijn verslaafd aan strijd

Strijd is heel vertrouwd. In zeker opzicht is het veilig. We zijn heel goed in strijd. Uitdagingen onder ogen zien, werken aan doelen – dat is heel gemakkelijk. Maar als we beginnen de dingen te krijgen die we altijd in het leven hebben gewild, kan dat verontrustend zijn. Een deel van ons zal zeggen: 'Wacht eens even, waar is de strijd? Is dat wel in orde? Is het in orde als dingen gemakkelijk zijn?' Het kan beangstigend of verwarrend zijn. We zijn eraan gewend ons leven vol te stoppen met inspanning, en als het gemakkelijker gaat, kan de open ruimte onwennig aanvoelen. Dingen op ons af laten komen en ontvangen wat we altijd hebben gewild, kan een uitdaging zijn!

Het is in orde
dat mijn leven gemakkelijk
is.

Ziek zijn kan er op wijzen
dat je tijd nodig hebt om te zijn

Als je jezelf niet de tijd gunt om te ontspannen, kan het zijn dat je lichaam je ertoe dwingt. Het lichaam zal emotioneel instorten, fysiek ziek worden of gewoon moe aanvoelen en geen energie meer hebben. Mensen die tijd nodig hebben om te zijn of tot rust te komen en daar niet aan toe geven, of niet weten hoe ze zichzelf dat moeten geven, kunnen tot de ontdekking komen dat hun lichaam weigert te functioneren.
Meestal wordt het lichaam ziek als we tijd nodig hebben om het langzamer aan te doen, om stil te zijn, naar binnen te keren, een innerlijke verandering door te maken, of gewoon om de hoeveelheid energie die we gebruiken weer aan te vullen.

Ik besteed aandacht
aan wat mijn lichaam me vertelt.
Ik geef mezelf de rust
die ik nodig heb.

Verveling

Verveling is iets dat we ervaren als onze levenskracht op de een of andere manier is geblokkeerd. Meestal komt het omdat er sprake is van een emotie of gevoel waar we bang voor zijn. In plaats daarvan vluchten we in verveling om het niet te hoeven ervaren. Daaraan ten grondslag ligt verdriet, woede of angst die we niet willen voelen. Dus stoppen we ons gevoel weg. Steeds als we ons gevoel wegstoppen, blokkeren we de levenskracht en kan een gevoel van verveling het gevolg zijn.

Het leven is nooit vervelend. Als we verveling ervaren, komt dat omdat we vastzitten – onze energie op de een of andere manier vastzit of is geblokkeerd. We moeten naar dat gevoel kijken en onszelf afvragen: 'Waar zit ik vast? Hoe en waarom blokkeer ik mezelf? Welk gevoel ligt hier aan ten grondslag?'

Steeds als ik verveling
ervaar, keer ik in mezelf om
te ontdekken wat mijn ware gevoelens
zijn.

29 februari

Tijd verspillen

Voor velen van ons is 'tijd verspillen' een doodzonde! Als dat voor jou ook opgaat, kan het heel bewustzijnsverruimend zijn jezelf ertoe te zetten elke week een tijdlang iets te doen dat volkomen zinloos is. Kies iets dat je aangenaam vindt, maar dat verder niets oplevert – lees een waardeloos tijdschrift, speel een spelletje, blijf in bed liggen, wat dan ook. Amuseer je en voel je niet schuldig. Je verdient het.

Zo nu en dan
verdoe ik mijn tijd met een
onnozele afleiding.

Laat je gevoelens stromen

Slechts heel weinig menseen weten hun emoties op een natuurlijke, gezonde manier te hanteren. We leven in een cultuur die als de dood is om te veel te voelen. We hebben allemaal veel manieren geleerd om onze emoties te ontkennen, te onderdrukken, te manipuleren of te proberen te veranderen. We lopen vast terwijl we ons aan bepaalde emotionele patronen vastklampen omdat ze vertrouwd en veilig aanvoelen. Wat we niet weten, is hoe we eenvoudigweg onze gevoelens kunnen accepteren en respecteren, en ze op hun eigen natuurlijke ritme door ons heen kunnen laten stromen.

Ik leer
op het ritme van mijn eigen gevoelens
te vertrouwen.

2 maart

Gevoelens zijn als het weer

Gevoelens zijn als het weer en zijn voortdurend aan verandering onderhevig – soms donker, soms licht, zo nu en dan wild en intensief, op andere momenten stil en rustig. Proberen tegenstand te bieden aan je gevoelens is als proberen het weer te beheersen – een zinloze en frustrerende bezigheid! Bovendien, als we alleen zonnige dagen met precies vierentwintig graden zouden hebben, zou het leven na een tijdje heel saai worden. Als we de schoonheid van regen, wind en sneeuw evenzeer weten te waarderen als de zon, zullen we vrij zijn de volheid van het leven te ervaren.

Ik accepteer en
waardeer alle variaties van
mijn innerlijke 'weersgesteldheid'.

Je kunt je emoties niet met je wil veranderen

Het mentaal en emotioneel niveau functioneren heel verschillend. Op mentaal niveau kun je een bepaalde mate van controle uitoefenen. Je kunt er voor kiezen je gedachten voor een bepaalde periode op een bepaalde manier te richten, waardoor je leven wordt beïnvloed. Maar je kunt niet je emoties met je wil veranderen. Emoties hebben niets met wil te maken. Wat je met emoties kunt doen, is ze accepteren en ervaren, en ze uiten. Daarin zit de sleutel tot het omgaan met emoties. Het is prima je gedachten te veranderen, maar het is niet goed te proberen je emoties te veranderen.

Ik leer
mijn emoties te voelen en er
uitdrukking aan te geven.

Je kunt jezelf niet dwingen op een bepaalde manier te voelen

Het grootste misverstand over plezier, liefde en de 'positieve' gevoelens is het idee dat je blij kunt zijn of vervuld van liefde door te *proberen* of te *willen* zo te zijn. Mensen proberen rechtstreeks die ervaringen op te zoeken. Ze willen zich niet verdrietig of angstig voelen; ze willen zich gewoon blij en liefhebbend voelen.

Helaas kun je geen enkel gevoel echt bereiken door het te proberen of te willen doen. Liefde en plezier volgen vanzelf als je jezelf al je emoties ten volle toestaat, je emotionele wonden heelt en alle aspecten van jezelf accepteert en er uitdrukking aan geeft.

Liefde en vreugde zijn
de natuurlijke gevolgen van het accepteren
van al mijn andere gevoelens.

Negatieve gevoelens bestaan niet

Een negatief gevoel bestaat niet. De gevoelens die we negatief noemen, zijn de gevoelens die we niet durven ervaren. Alle gevoelens zijn gewoon een natuurlijk onderdeel van het leven. Ze hebben een natuurlijke functie in ons leven. Als we onszelf toestaan hen te voelen zoals ze zich voordoen, leren we iets van de ervaring en gaan ze tamelijk snel weer voorbij.

Als we een gevoel proberen te vermijden, onderdrukken of ontkennen, raakt het vast. Het krijgt een gigantische kracht en blokkeert al onze andere gevoelens. Steeds als we proberen een zogenaamde negatieve emotie te vermijden, sluiten we onszelf een beetje meer af. Op die manier ontzeggen we onszelf ook de positieve gevoelens.

Ik sta mezelf toe
al mijn gevoelens te
ervaren.

6 maart

Om vreugde te ervaren
moet je je verdriet toestaan

Als je meer vreugde in je leven wilt ervaren, moet je bereid zijn volledig je verdriet te ervaren als het zich voordoet. Als je je verdriet in jezelf vasthoudt, draag je een zwaar gevoel met je mee, en je pogingen om gelukkig te zijn en van het leven te genieten zullen oppervlakkig aanvoelen. Als je oud zeer hebt dat je nooit in je ervaring hebt toegelaten, sta jezelf dan toe die emotie binnen te gaan. Tranen zijn de rivier van het leven; we kunnen onze wonden ermee wassen en onze pijn ermee wegspoelen. Ons verdriet voelen maakt ons hart open zodat we kunnen beminnen en bemind worden. Als we de rivier van het leven vrij door ons heen laten stromen, is vreugde het onvermijdelijke gevolg.

Ik ben bereid
mijn verdriet en mijn vreugde te
ervaren.

Sta jezelf toe te treuren

Treuren is een emotie die we ervaren als we iets of iemand van wie we houden, verliezen. Het is heel belangrijk jezelf toe te staan te treuren als je een verlies in je leven lijdt, ongeacht of het groot of klein is. Als je eenmaal vrij je verdriet hebt ervaren en geuit, zul je een gevoel van innerlijke rust ervaren. Leed komt in golven, dus het kan zijn dat je die cyclus vele malen door moet maken. Voor een ernstig verlies, zoals de dood van een geliefd iemand of het beëindigen van een belangrijke relatie, kunnen de golven jarenlang met steeds grotere tussenpozen terugkeren. Als je jezelf het proces van treuren volledig toestaat, kun je geleidelijk aan het oude loslaten en je openstellen voor alle nieuwe wonderen die zich in je leven voordoen.

Ik sta mezelf toe
te treuren over mijn verlies.
Geleidelijk aan, in mijn eigen tempo,
laat ik het oude los en verwelkom het nieuwe.

8 maart

Om liefde te ervaren
moet je je eigen woede voelen

Als je meer liefde wilt ervaren, moet je jezelf toestaan je woede te voelen. Als je bang bent voor boosheid, zoek dan een goede therapeut (die niet bang is voor woede!) om je veilige, constructieve manieren te leren om woede te ervaren en te uiten. Onder de woede ligt altijd iets waarin je gekwetst bent of waardoor je afstand hebt gedaan van je kracht. Als je de pijn blootlegt en tot uitdrukking breng, kan de heling plaatsvinden. Als je leert je behoeften en gevoelens rechtstreeks kenbaar te maken, zul je minder woede ervaren.
Onze natuurlijke staat is liefde, als ze niet is geblokkeerd door onderdrukte emoties. Ons wezen voelt automatisch liefde. Als we onze eigen gevoelens accepteren en er vrede mee sluiten, zullen we het wezen in anderen herkennen en liefde voor hen ervaren.

Ik leer mijn woede
op een goede en constructieve manier
te ervaren en te uiten.

Gevoelens zijn ook fysiek

Steeds als je jezelf niet toestaat een emotie volledig te ervaren, te voelen en door te maken, of die gelegenheid niet hebt, raakt de energie van die emotie geblokkeerd in je lichaam. Ze blijft daar totdat je terug kunt gaan in die emotie en haar opnieuw kunt ervaren. Dan wordt de energetische blokkade opgeheven en is het lichaam bevrijd en gezuiverd. Vrijwel al onze fysieke kwalen zijn afkomstig van energieblokkades in ons lichaam, energiepatronen die verbonden zijn met onze emotionele patronen.

Ik voel alle
emotionele energieën in mijn lichaam
en laat ze los.

10 maart

Respecteer je angst

Veel mensen willen hun angst overwinnen of kwijtraken, omdat ze hun angst zien als iets dat hen weerhoudt van wat ze eigenlijk willen: vertrouwen, verruiming en vrijheid.
Maar net als alles moeten we angst respecteren en waarderen als een deel van onze ervaring. Angst is er niet voor niets en is een noodzakelijk onderdeel van het leven. Het is niet iets dat we kwijt moeten zien te raken; het is er om te worden onderkend en om ermee te werken. We hoeven geen angst te hebben voor onze angst! We zouden de uitspraak van Franklin Roosevelt kunnen veranderen in 'het enige waar we angst voor hoeven te hebben is de angst voor de angst zelf'.

Ik leer
mijn eigen angsten onderkennen
en respecteren.

Angst kan heel goed op zijn plaats zijn

Angst en liefde zijn de emoties die corresponderen met de twee metafysische principes van samentrekking en verruiming. Angst is in wezen samentrekking. Het is een terugtrekken of samentrekken uit. Het kan een heel gepast gevoel zijn. Als je iets heets aanraakt, trekt je lichaam zich samen om ervoor te zorgen dat je jezelf niet bezeert. De natuurlijke en juiste functie van angst is ervoor te zorgen dat je enigszins bent samengetrokken en een situatie voorzichtig benadert, totdat je begrijpt of ziet wat het is of hoe je er juist en veilig mee om kunt gaan.

Wat zijn mijn angsten?
Bevatten enkele ervan misschien een gepaste waarschuwing?

12 maart

We hebben veel innerlijke ikken

De meesten van ons denken dat we geacht worden een consequente persoonlijkheid te zijn, en we vragen ons af waarom we ons soms zo inconsequent voelen. De ene dag voelen we ons zus, de andere zo. Soms voelen we het ene moment dit en het andere iets totaal anders.
In feite hebben we veel persoonlijkheden in ons, veel verschillende karakters. We kunnen die verschillende delen als subpersoonlijkheden, ikken, of verschillende stemmen in onze persoonlijkheid beschouwen. Teneinde onze eigen innerlijke conflicten en inconsequent gedrag te begrijpen, moeten we die innerlijke ikken leren kennen.

Ik ontdek
mijn vele innerlijke
ikken.

De belangrijkste stap is bewustzijn

Het bewustzijnsproces omvat het leren kennen van onze vele innerlijke ikken en hen in onze persoonlijkheid en in ons leven in evenwicht brengen en integreren. De belangrijkste en moeilijkste stap is ze gewaar te worden en te herkennen als afzonderlijke stemmen. Naarmate we dit bewustzijn ontwikkelen, worden we niet langer overheerst door welk ik er op een bepaald moment toevallig de overhand heeft. We hebben nu een echte, bewuste keuze in ons leven.

Ik word me
mijn innerlijke stemmen
gewaar.

14 maart

Ieder ik heeft zijn eigen gezichtspunt

Elk van onze subpersoonlijkheden heeft zijn eigen behoeften en verlangens, zijn eigen gezichtspunt, zijn eigen ideeën. Vaak staan ze lijnrecht tegenover elkaar. Misschien denkt een deel van ons bijvoorbeeld dat het belangrijkste wat er bestaat heel hard werken is en succes hebben. En als dat deel van ons onbewust de voorstelling bepaalt, zullen we altijd aan het werk zijn. Maar er is ook een tegengesteld ik dat gewoon wil ontspannen, rondhangen, klungelen en van het leven genieten. Beide stemmen zijn belangrijk, en beide zijn van waarde in ons leven. Het is onze taak het juiste evenwicht tussen die twee te vinden.

Ik zoek
het evenwicht tussen mijn
tegengestelde delen.

Primaire ikken en verdrongen ikken

We identificeren ons sterk met bepaalde subpersoonlijkheden; die laten we onbewust ons leven bepalen en onze beslissingen nemen. Ze worden onze primaire ikken genoemd. De tegenovergestelde subpersoonlijkheden worden vaak onderdrukt of niet ontwikkeld. Die noemen we onze verdrongen ikken.
Je primaire ikken zijn bijvoorbeeld gestructureerd en ordelijk en werken graag volgens een plan; je verdrongen ikken kunnen creatief, chaotisch en spontaan zijn (of andersom). Misschien zijn je primaire ikken gemakkelijk en ontspannen, en heb je je agressieve, doelgerichte kant verdrongen (of andersom). Je primaire ikken zijn misschien ernstig en verantwoordelijk, en je verdrongen energieën speels en zorgeloos.

Wat zijn mijn primaire ikken?
Wat zijn mijn meer verdrongen ikken?

16 maart

Evenwicht

Naarmate je je primaire ikken meer gewaarwordt, zul je je er niet langer mee identificeren. Je zult bemerken dat je je meer openstelt voor je verdrongen ikken. Andere kanten van je zullen zich uiten en meer ruimte in je leven opeisen.
Als je dit proces natuurlijk laat verlopen, zul je, naarmate je elk aspect van je leven insluit, meer evenwicht vinden.

In alle aspecten
van mijn leven komt meer
evenwicht.

Respecteer al je ikken

Alle persoonlijkheden in ons, onze diverse ikken, zijn een wezenlijk onderdeel van ons. Het is heel belangrijk ze allemaal te leren kennen en respecteren. Alle zijn een aspect van onze persoonlijkheid dat we moeten leren kennen, respecteren, ontdekken en waarderen. Door onszelf toe te staan *alle* subpersoonlijkheden in ons te leren kennen en tot uitdrukking te brengen, kunnen we evenwichtig worden in plaats van ons te identificeren met slechts één kant van een polariteit. Het ideaal is beide kanten van iedere polariteit te onderzoeken en vervolgens in staat te zijn de juiste momenten te kiezen om de diverse ikken op de voorgrond te laten treden.

Ik leer
al mijn ikken respecteren en waarderen
naarmate ik ze onderzoek en
leer kennen.

18 maart

Alle stemmen zijn belangrijk

Misschien kunnen we sommige van onze innerlijke ikken aanvankelijk moeilijk accepteren. We kunnen overstuur raken als we ontdekken dat we een woedende stem in ons hebben. Omdat die ons hele leven is onderdrukt en verdrongen, is ze zelfs nog woedender geworden. Er is nooit naar geluisterd en ze heeft niet de kans gekregen haar gevoelens kenbaar te maken. We kunnen beginnen veilige, gemakkelijke, goede manieren te vinden om onze woede te ervaren en te uiten. Onder de woede zullen we een assertief ik vinden dat probeert voor ons te zorgen door voor ons op te komen, grenzen aan te geven en te vragen wat we nodig hebben. Dit is een belangrijke stem die deel uit moet maken van ons leven.

Ik accepteer
al mijn innerlijke
stemmen.

Ieder ik biedt een geschenk aan

Iedere innerlijke persoonlijkheid heeft een plaats in ons leven, en allemaal hebben ze een geschenk voor ons. Geen enkel deel in ons is in wezen slecht. Als je je hebt geïdentificeerd met een subpersoonlijkheid die graag aan anderen geeft, kan het zijn dat je je egoïstische kant hebt verdrongen omdat je denkt dat dat deel van je slecht is. Maar zonder dat deel zou je een zichzelf opofferende martelaar worden, of iemand die om anderen geeft en niet om zichzelf. Als je je bewust bent van het deel van jou dat zorg draagt voor je innerlijke behoeften, ben je nog geen egoïstisch mens. Het zal je helpen verantwoordelijkheid te nemen voor dat wat je nodig hebt, en je daarmee in evenwicht brengen. We moeten alle aspecten van onszelf kennen, accepteren en beminnen, zodat we ieder geschenk kunnen gebruiken en waarderen.

Ik leer
het geschenk dat ieder ik me heeft
te bieden, herkennen.

20 maart

Beschouw jezelf als een gezin

Als je al je innerlijke ikken leert kennen, zou je ze kunnen beschouwen als je innerlijk gezin. Zoals in de meeste gezinnen is er een bepaalde hoeveelheid conflicten en ook een heleboel liefde. Laat elk lid van je innerlijk gezin zijn rol spelen, zichzelf uiten, en gerespecteerd zijn voor de rol die het speelt in het gezin, zodat uiteindelijk het gezin een harmonieus geheel kan vormen.

Ik waardeer
en respecteer elk lid van
mijn eigen innerlijk 'gezin'.

Beschouw je ikken als een comité

Een andere, interessante vergelijking voor je innerlijke ikken is hen te beschouwen als een comité. Als je jezelf als een comité beschouwt, wordt vaak duidelijk waarom het zo moeilijk voor je is een beslissing te nemen of iets af te maken. We weten allemaal wat er gebeurt als een comité een beslissing neemt. De ene persoon wil dit, iemand anders dat, en al te vaak gebeurt er niets. Als je de leden van je innerlijk comité leert kennen en hen de ruimte geeft zichzelf duidelijk te maken, kun *jij* als bewust persoon beginnen de beslissingen te nemen, in plaats van dat deel van je dat op een bepaald moment toevallig het stuur bemachtigt de beslissingen te laten nemen.

Ik laat
elk lid van mijn comité
zijn zegje doen; vervolgens neem ik
de beslissing.

22 maart

De beschermer-controleur

Veel van onze subpersoonlijkheden zijn afweermechanismen die we hebben ontwikkeld om in de wereld te kunnen overleven. Onze beschermer-controleur is bijvoorbeeld een behoudende stem die probeert ons te beschermen door ervoor te zorgen dat we de juiste regels volgen en ons zo gedragen dat onze veiligheid niet wordt bedreigd. Het is het deel van ons dat weerstand biedt aan groei en verandering, omdat het zich veiliger voelt de dingen te doen zoals we ze altijd hebben gedaan. Het moet voorzichtig worden gerustgesteld dat de veranderingen die we ondernemen niet dwaas of gevaarlijk zijn.

Het is veilig
voor mij om te groeien en te
veranderen.

De behager

De behager is een deel van onze psyche dat er zeker van wil zijn dat we ons altijd zo gedragen dat iedereen ons aardig vindt, ons gedrag goedkeurt en dat er nooit iemand is die door ons overstuur raakt. Hij is een expert in het uitzoeken wat anderen willen en probeert het hen te geven. De behager zal alles doen voor liefde en goedkeuring. Helaas weerhoudt hij ons ervan onze ware gevoelens en gedachten te uiten als hij vermoedt dat een belangrijk iemand het er niet mee eens is of er geprikkeld door kan raken. Hoe meer we van onszelf leren houden en goed vinden wat we zelf doen, des te minder zal de behager zich zorgen maken over wat ieder ander denkt.

Ik houd van mezelf
en keur mezelf
goed.

De perfectionist

Velen van ons hebben het idee dat perfectie een bereikbaar doel is. We denken dat omdat we een sterke innerlijke stem hebben die de perfectionist heet. De perfectionist heeft tot taak voor alles om ons heen ongelooflijk hoge normen vast te stellen: onze verschijning, ons gedrag, ons werk en al het andere waar we in het leven mee te maken hebben. De stem van de perfectionist in ons kan ons een positieve richting wijzen. Maar hij kan zulke hoge normen stellen dat het onmogelijk is daaraan te voldoen. We kunnen de perfectionist in ons waarderen voor zijn goed bedoelde poging ons volmaakt te maken, maar we moeten ermee ophouden het onmogelijke van onszelf te verlangen.

*Ik hoef niet
te proberen volmaakt te zijn. Ik accepteer
mezelf zoals ik ben.*

De perfectionist is op zoek naar liefde

De perfectionist in ons is afkomstig uit onze kinderjaren. We hopen dat als we aan een of andere hoge norm kunnen voldoen, we liefde, erkenning en waardering krijgen die we tijdens onze kinderjaren niet kregen. We dienen ons bewust te worden van het doel van de perfectionist, die we met zoveel inspanning hebben trachten te behagen. Dan kunnen we doelen en normen kiezen die realistischer zijn en beter passen, en van onszelf leren houden om wie we zijn.

Ik houd van mezelf zoals ik nu ben.
Ik stel me dingen ten doel die
realistisch en bereikbaar
zijn.

De strever

De strever in ons dwingt ons zoveel mogelijk te presteren. De strever vindt het heerlijk een lijst van taken te maken, en heeft het gevoel dat er niets belangrijkers in het leven bestaat dan dat allemaal klaar te krijgen. Net zoals de perfectionist is hij zich er niet van bewust dat hij het onmogelijke vraagt. Hij heeft geen zicht op andere dingen die misschien belangrijk zijn in ons leven, zoals ontspanning of intimiteit. De strever wordt enorm versterkt door de nadruk die er in onze cultuur ligt op productiviteit en presteren.
Als je je bewust wordt van de strever in je en je er enigszins van los kunt maken, zal dat je leven ingrijpend veranderen.

Ik laat het
los mezelf op te jagen.
Ik kan de doelen in mijn leven op een
ontspannen manier bereiken.

De criticus in ons

De criticus in ons is de stem die ons voortdurend op de hoogte houdt van wat we verkeerd doen: hoe we tekort geschoten zijn; welke fouten we hebben gemaakt, of nu maken, en waarschijnlijk in de toekomst zullen maken; hoe vreselijk we eruit zien; en hoe we over het algemeen tekort schieten! Het leven van veel mensen wordt onbewust door hun criticus bepaald (of een combinatie van perfectionist-strever-criticus). Het is een enorme opluchting als we ons bewust worden van de criticus, ons er van los maken, en beseffen dat het meeste wat de criticus ons vertelt niet waar hoeft te zijn.

Er is
niets mis met me!

28 maart

De criticus in je probeert je te beschermen

De functie van de criticus in je is het kind te beschermen tegen gedrag dat kritiek, aanval, straf, afwijzing of verstoting van buitenaf tot gevolg zal hebben. De criticus is geboren uit het proces van kritiek krijgen in de kinderjaren. Alles waar onze ouders, andere gezaghebbenden, broers en zusjes, of leeftijdgenoten ons om bekritiseerden, hebben we bijeengebracht in de criticus in ons. Als volwassene is het niet langer juist of nodig dat de criticus in ons controle over ons uitoefent. Een strenge innerlijke criticus die ons voortdurend zegt wat er met ons mis is en hoe we tekort schieten, versterkt een lage zelfdunk en gebrek aan vertrouwen.

Het wordt tijd dat je je bewust wordt van de criticus in je zodat hij niet langer automatisch je leven bepaalt. Het kost tijd de criticus in je te helen, maar het is mogelijk, en het zal je leven op een wonderbaarlijke manier veranderen!

Ik word me
bewust van de criticus
in mij.

De criticus in ons helen

Het is een uitdaging de criticus in ons te helen. Het helpt niet als we proberen hem op te sluiten; hij zal gewoon sterker worden. De sleutel is bewustzijn. De eerste stap is zijn stem te herkennen, op te merken wat hij tegen je zegt, en proberen in contact te komen met waar hij in je kinderjaren vandaan komt. Als je hem alleen als een stem herkent in plaats van als een absolute waarheid, word je bewust. Vervolgens kun je jezelf afvragen: 'Is dit waar? Moet ik dit geloven? Moet ik me hierdoor tegen laten houden of mijn leven laten bepalen?'

Onder de negativiteit heeft de criticus vaak een spoor van waarheid of een waardevol punt. Laat de criticus weten dat je zijn gezichtspunt waardeert, maar dat je je niet langer door kritiek laat bepalen.

Ik heel
de criticus in
mij.

30 maart

De gezonde criticus in ons

De wezenlijke functie van de criticus in ons is onderscheidingsvermogen: wat is goed, wat niet, wat is beter, wat slechter. We hebben dat gezichtspunt nodig. Om in de maatschappij te kunnen leven, dienen we te begrijpen wat voor resultaten ons gedrag zal hebben, en moeten we de juiste keuzes maken. Een gezond, functionerend, kritisch vermogen in onszelf zegt dingen als: 'In deze jurk zie je er beter uit dan in die' of: 'De toespraak die je gisteren hebt gehouden, kun je verbeteren door de volgende dingen te doen'. Met andere woorden, het is dat deel van onze geest dat de manier kan herkennen om iets te verbeteren, maar het heeft niet die zware, veroordelende kwaliteit. Het is ons vermogen te leren van wat we doen, en nuttig onderscheid te maken in soorten gedrag.

Ik leer
onderscheid te maken in plaats van
kritiek te leveren.

Ontwikkel een positieve stem

Begin naarmate je je bewust wordt van de criticus in je een tegengestelde stem te ontwikkelen. Die stem hoeft zich niet te ontdoen van de criticus. Hij kan je helpen de stem van de criticus in evenwicht te brengen door steun en aanmoediging. Het kan de positieve stem van de ouder zijn die zegt: 'Hé, je doet het fantastisch. Kijk eens hoeveel vooruitgang je al hebt geboekt. Je bent een waardevol, sympathiek mens.' Affirmaties uitspreken is een manier om een positieve innerlijke stem te ontwikkelen die tegenwicht biedt aan de negatieve boodschappen die de criticus in je geeft. Affirmaties kunnen heel krachtig zijn, vooral als je ze regelmatig gebruikt.

Ik leer
mezelf te steunen en
aan te moedigen.

Lente

Neem plezier serieus!

Als je alleen maar op zoek bent naar plezier en vermaak, zal je leven zinloos zijn. Als je anderzijds het leven te serieus neemt en jezelf plezier en vermaak ontzegt, zal het even leeg aanvoelen. De sleutel is ernst en plezier met elkaar in evenwicht te brengen.
Als je de weg van bewustwording bent toegewijd, kan het moeilijk zijn erom te denken plezier te maken. Dus neem plezier serieus! Maak het belangrijk! Beschouw het als een van die wezenlijke dingen die je regelmatig een plaats moet geven in je leven. Denk na over wat je leuk vindt. Waar geniet je van? Waar moet je om lachen? Waar voel je je goed bij? Doe minstens één keer per dag iets leuks.

Vandaag,
en alle dagen,
doe ik minstens één ding
gewoon voor de lol.

2 april

Het kind in ons

Een van de belangrijkste delen die we in onszelf moeten leren kennen is het kind in ons. Het kind leeft in ieder van ons, altijd. In feite hebben we de energieën van veel verschillende kind-ikken in ons. We hebben een kind voor iedere leeftijd die we hebben gehad, van zuigeling tot puber. En het kind in ons heeft veel aspecten. Het kind draagt onze sensitiviteit, onze gevoelens, onze creativiteit, en veel andere belangrijke kwaliteiten.

Ik leer het kind in me in al
zijn vele aspecten
kennen.

Het kind in ons is begraven

De spirituele essentie komt in de menselijke vorm en wordt geboren als kind. Omdat het kind uitermate gevoelig en kwetsbaar is, en de wereld niet zo'n veilige of vertrouwde omgeving voor het kind is, begint het onmiddellijk afweer- en overlevingsmechanismen te ontwikkelen – gedragingen om zichzelf te beschermen en in zijn behoeften te voorzien. Die mechanismen worden de verschillende ikken of subpersoonlijkheden, en samen vormen ze de structuur van de persoonlijkheid. Uiteindelijk raken het kind en de spirituele essentie die het in zich draagt, begraven onder de ingewikkelde en starre persoonlijkheidsstructuur die probeert het kind te beschermen. Dus leven we onbewust onze afweer- en overlevingsmechanismen uit en vergeten dat we ze om te beginnen hebben om te zorgen voor en te voorzien in de behoeften van het kind.

Ik
herken het kind diep
in me.

4 april

Het kwetsbare kind

Het kwetsbare kind is de emotionele kern van ons wezen. Het draagt al onze diepste gevoelens in zich en is uitermate gevoelig, heel liefhebbend en gemakkelijk te kwetsen of bang te maken. Het leeft diep in ons, en of we ons er wel of niet van bewust zijn, het reageert voortdurend op alles wat er met ons gebeurt; of het zich veilig en bemind voelt, of bedreigd, afgewezen of verstoten. Het heeft veel liefde, koestering en geruststelling nodig. Vaak is het kwetsbare kind in ons door diverse ervaringen in het leven gewond en heeft het speciale aandacht en heling nodig.

Ik bemin het
kwetsbare kind in me en
heel het.

Het speelse kind

Het speelse kind is dat deel van ons dat weet hoe het plezier kan maken. Het vindt het heerlijk om te spelen en te lachen, en is er altijd op uit plezier te maken. Sommige volwassenen zijn er in geslaagd in contact te blijven met het speelse kind in zich; dat zijn de mensen die weten hoe ze zich kunnen vermaken. Maar de meesten van ons hebben naarmate we volwassen zijn geworden, ons speelse kind afgewezen. Zonder het speelse kind voelt het leven saai en kleurloos aan. We moeten opnieuw contact maken met het natuurlijke, speelse kind in ons dat ons leven sprankelend maakt.

Ik vind het heerlijk
om te spelen en
plezier te maken.

Het magische kind

We hebben ook een magisch kind in ons. Het is het deel van ons dat op natuurlijke wijze is afgestemd op de onzichtbare energieën van het universum. Het vindt het heerlijk in de natuur te zijn, waar het contact kan hebben met de geesten van planten en dieren, en misschien met elfen en feeën. Het magische kind vindt het heerlijk om te dagdromen, zich dingen voor te stellen en te fantaseren. Het houdt van speciale voorwerpen zoals toverstokken en kristallen. Als volwassenen hebben we dit kind afgewezen, omdat we bang zijn dat het dom en dwaas is. Opnieuw in contact komen met dat magische kind kan een ongelofelijke ervaring zijn. Het brengt verwondering en verbazing terug in ons leven omdat het leven magisch *is*.

Ik voel
het wonderlijke en magische
van het leven.

Het wijze kind

Een ander aspect van het kind in ons is het wijze kind. Het is dat deel van ons dat heel waarachtig is, dat ziet en weet wat we voelen en wat anderen voelen. Het heeft het vermogen dwars door veel van de oppervlakkige onoprechtheid die in de wereld van de volwassenen voorkomt heen te prikken, en gaat altijd recht op de diepere waarheid van een situatie af. Dit kind is meestal begraven omdat we hebben geleerd in de ontkenning overal om ons heen te geloven. Als we opnieuw dat deel van onszelf op kunnen eisen, kunnen we contact maken met een geweldige bron van wijsheid.

Ik leer
vertrouwen op het wijze kind
in me.

8 april

Schep veiligheid waardoor het kind in je te voorschijn kan komen

Opdat het kind in je te voorschijn kan komen, moet je eerst de stemmen in je onderkennen die in feite niet van het kind houden of er bang voor zijn, de delen van jezelf die niet willen dat het kind te voorschijn komt. Respecteer die delen van jezelf. Het zijn enkele van je primaire ikken. Je primaire ikken hebben je leven tot nu toe bepaald. Ze verdienen veel respect omdat ze je tot dit punt hebben gebracht. Aan hen heb je je huidige succes te danken. Ze hebben je veiligheid geboden en je helpen overleven. Onderken hun redenen van bestaan. Die delen van jezelf voelen zich slecht op hun gemak bij het kind in je, omdat het niet veilig was in deze wereld kwetsbaar te zijn.

In plaats van die delen in jezelf te bestrijden en ze als verkeerd te bestempelen, respecteer en waardeer je ze.

Ik respecteer de delen
van mezelf die het kind in mij
hebben verborgen.

Onze beschermende ikken zijn bang voor emoties

Onze rationele, ouderlijke, primaire ikken hebben geleerd het kind in ons te beschermen door alles wat de mogelijkheid tot emoties of trauma's in zich draagt, uit de weg te gaan. Hun idee over zorgen voor het kind in ons is het te begraven en alle gevoelens te onderdrukken. Ze zijn doodsbang om gevoelens te onderzoeken, omdat emoties hen het gevoel geven dat ze de controle verliezen. Hun filosofie is gewoon te blijven doen wat tot nu toe heeft gewerkt. Waarom veranderingen riskeren als ze tot nu toe hebben kunnen overleven?

Het is waar dat die delen van onszelf ons hebben geholpen te overleven. Maar ze hebben ons ook afgesneden van onze zeer menselijke behoeften en emoties. We dienen hun angst en bezorgdheid te onderkennen, en hen voorzichtig gerust te stellen dat het nu veilig is onze gevoelens te onderzoeken en te uiten.

Het is veilig mijn emoties
te voelen en te uiten.

10 april

Ontwikkel de bewuste volwassene in je

Naarmate je de bewuste volwassene in jezelf ontwikkelt, begin je de taak die je primaire ikken hebben uitgevoerd, over te nemen. De primaire ikken hebben onbewust het innerlijke kind op de enige hun bekende manier beschermd en bevoogd. Je bewust worden van dat proces en bewuste keuzes maken om voor het kind in je te zorgen, verlicht de last van de primaire ikken waardoor ze alles los kunnen laten en een beetje kunnen ontspannen.

Ik word
een bewuste volwassene die voor
het kind in me zorgt.

Stel de beschermer in je gerust

Als bewuste volwassene kun je nu dat deel in jezelf aanspreken dat zegt: 'Wees nooit kwetsbaar!' Je kunt zeggen: 'Ik zie waarom het tot nu toe niet goed voelde kwetsbaar te zijn, omdat het behoorlijk gevaarlijk en griezelig zou zijn geweest. Wees gerust, ik zal me niet op een echt domme of dwaze manier kwetsbaar opstellen, zodat ik mezelf pijn doe. Ik ga nu enkele bewuste keuzes maken. Van tijd tot tijd is het goed dat ik kwetsbaar ben in situaties als er iemand bij is die echt om me geeft. Ik zal het controleren en me ervan overtuigen dat het echt veilig is. Ik begin die kwetsbaarheid naar buiten te brengen, maar ik leg haar niet midden op straat'.
Stel voortdurend het beschermende deel van je dat bang is omdat je je begint open te stellen, gerust.

Het is veilig
voor mij op het juiste moment
kwetsbaar te zijn.

12 april

We moeten op een goede manier aan de behoeften van het kind in ons voldoen

Het kind in ons gaat nooit weg. Het groeit nooit op. Het sterft nooit. Het is gedurende al onze levens bij ons.
Als we ons niet bewust zijn van de behoeften van ons kind, proberen we er onbewust voortdurend aan te voldoen. Het kind in ons is onbewust de drijfveer van al onze gedragingen. We kunnen bijvoorbeeld een werkverslaafde als subpersoonlijkheid ontwikkelen, omdat hij probeert genoeg geld te verdienen zodat het kind zich veilig en beschermd kan voelen. Maar uiteindelijk vergeten we het kind, en doen we ons leven niets anders dan hard werken. Misschien vergaren we veel geld en succes, maar niets daarvan geeft ons de voldoening die we nodig hebben, omdat we het kind, waar het uiteindelijk om is begonnen, zijn vergeten.

Ik leer
de behoeften van het kind in mij
herkennen en vervullen.

Het kind in ons heeft geen rijkdom nodig

Veel mensen streven rijkdom na uit de onbewuste behoefte veiligheid voor het kind in zich te verschaffen. Het kind in ons heeft weliswaar behoefte aan enige financiële zekerheid, maar slechts op een tamelijk elementair niveau. Het kind dient te weten dat het een veilig, vertrouwd thuis zal hebben, genoeg te eten, wat gemakkelijke, leuke kleren om te dragen, en de mogelijkheid te leren, te groeien en te scheppen. Meer heeft het kind in termen van financiële zekerheid niet nodig. Daarnaast heeft het kind liefde, kameraadschap, duidelijke grenzen, emotionele steun, vrijheid van uitdrukking en plezier nodig.

Ik geef het
kind in mij wat het echt
nodig heeft.

14 april

Geld is geen zekerheid

Veel mensen hebben veiligheid en zekerheid verward met geld. De meesten van ons laten zich als het op geld aankomt min of meer leiden door angst. We hebben het gevoel dat geld ons op de een of andere manier zekerheid kan geven. Of we nu weinig geld hebben of veel doet er niet toe. We hebben het gevoel dat als we maar meer hadden, we ons veilig en zeker zouden voelen. Maar onder de oppervlakte proberen we in feite te zorgen voor het kind in ons. Geld is een manier om te trachten het kind een gevoel van veiligheid te geven, als we geen contact hebben met de werkelijke behoeften van het kind. Maar het hoeft niet per se geld te zijn waar het kind behoefte aan heeft. We dienen contact te maken met het kind en te proberen er achter te komen wat het kind echt nodig heeft, en dat te geven.

Wat
heeft het kind in mij
echt nodig?

Het kind in ons kan succes tegenhouden

Soms saboteert het kind in ons daadwerkelijk onze pogingen om succes te hebben, of de dingen te doen die we vinden dat we moeten doen. Dat komt omdat het kind heimelijk weet dat er niet aan zijn behoeften zal worden voldaan met waar we naar streven. Vaak als mensen een blokkade hebben op succes in het leven, is die blokkade afkomstig van het kind in ons aan wiens behoeften niet wordt voldaan. Het kind kan je ervan weerhouden in je werk succes te hebben, totdat je het meer koestering, liefde, tijd om te spelen of wat het ook nodig heeft, geeft.

Ik geef het
kind in mij de liefde en aandacht
die het nodig heeft.

16 april

Leer te zorgen voor het kind in je

Aan ons de uitdaging in contact te treden met het kind in ons, er achter te komen waar het kind behoefte aan heeft, en bewust te beginnen met zorgen voor het kind. Het kind heeft behoefte aan liefde, veiligheid, fysiek en emotioneel contact, vreugde, en het wil zich oprecht en creatief kunnen uiten. Als we manieren ontdekken om die dingen te doen, bemerken we dat onze hele persoonlijkheid in harmonie komt, en we gezond en evenwichtig worden.

Ik leer
contact te maken met het kind in mij,
en te vragen wat het nodig
heeft.

Leren een ouder te zijn voor onszelf

Omdat de meesten van ons te weinig van onze ouders hebben meegekregen, hebben we niet geleerd hoe we een effectieve ouder voor het kind in ons kunnen zijn. Het kind in ons voelt zich onbemind, niet gesteund, bang en behoeftig. Onbewust proberen we voor dat kind te zorgen door te veel te eten, te drinken of drugs te gebruiken; door te hard te werken; of door ander verslavend of verstoord gedrag. Teneinde goed voor onszelf te zorgen, dienen we het vermogen te ontwikkelen bewust en wijs onze eigen ouder te zijn, door de ware behoeften van het kind in ons te ontdekken en te leren er voor te zorgen op een manier die echt werkt.

Ik leer
een goede ouder voor mezelf
te zijn.

18 april

De vader en moeder in ons ontwikkelen

Om een effectieve ouder te zijn voor het kind in ons in de wereld dienen we twee functies te ontwikkelen: het vermogen een 'moeder' voor onszelf te zijn, en het vermogen een 'vader' voor onszelf te zijn.
De moeder in ons is het koesterend aspect – het vermogen onszelf liefde, zorg, mededogen, begrip te geven. We zijn een moeder voor onszelf door gevoelig te zijn voor onze diepste behoeften, en te leren die te vervullen.
De vader in ons is het ondersteunende, beschermende aspect – het vermogen voor onszelf te zorgen in relatie tot de buitenwereld. We zijn een vader voor onszelf door duidelijk te zijn, grenzen aan te geven en onze diepe gevoelens met daden te ondersteunen.

Ik ben een
goede moeder en een goede vader
voor mezelf.

Maak contact met het kind in je

Om in contact te treden met het kind in jezelf is het belangrijk dat je een zo positief mogelijke omgeving schept voor de veiligheid en het welbehagen van het kind. Zoek een plek die heel behaaglijk en besloten aanvoelt. Misschien heb je de behoefte aan een deken, een pluche beest of iets anders waardoor het kind in je zich welkom voelt.
Sluit je ogen, ontspan je, en stel je voor dat je je in een heel mooie, veilige omgeving ergens in de natuur bevindt. Stel je daar een klein kind voor – het kind dat je eens was. Misschien krijg je een beeld van dit kind, misschien alleen het gevoel. Laat het kind weten dat je er veel om geeft. Vraag het kind wat het nodig heeft en wil van jou als volwassene. Je kunt via woorden of nonverbaal met het kind communiceren. Laat het kind weten dat je regelmatig contact wilt om een bewuste relatie aan te gaan.

Ik begin
regelmatig contact te maken met het
kind in mij.

20 april

Accepteer de gevoelens van het kind in je

Als je voor het eerst contact hebt met het kwetsbare kind in je, bemerk je misschien dat het heel emotioneel is. Het kan gekwetst zijn, bedroefd of zelfs woedend en wrokkig. Soms is het moeilijk te accepteren dat je kind zo overstuur is. Bedenk dan dat het kind pijn heeft omdat het gewond is. Het kan ook gekwetst zijn omdat jij het je hele leven in de steek hebt gelaten en genegeerd! Accepteer de gevoelens van het kind en geef het veel liefde en begrip. Dat is alles wat het ooit nodig had.

Ik
accepteer de gevoelens van het
kind in mij.

Wees geduldig en consequent

Soms als je voor het eerst probeert contact te maken met het kind in je, lijkt er niets te gebeuren. Wees bereid geduldig te zijn. Soms is het kind nog niet zover om je te vertrouwen. Het kind kan afwachten totdat het weet dat je dit contact echt wilt, en dat je bereid bent verantwoordelijk en consequent met dit contact om te gaan.
Als je er moeite mee hebt via meditatie contact te maken met het kind in je, laat het dan los en zoek andere manieren om het kind in je leven op te nemen.

Ik ben
geduldig en consequent met het
kind in mij.

22 april

Veel manieren om in contact te treden met het kind in je

Er zijn veel manieren om in contact te treden met het kind in ons. We kunnen contact maken met het kind door te spelen, te dansen, te zingen, te tekenen of te schilderen. Een mooie plek in de natuur neigt de ruimte te scheppen waardoor het kind naar buiten kan komen. Vaak komt het kind in ons te voorschijn bij dieren, omdat kinderen van nature van dieren houden en zich er op afgestemd voelen. Experimenteer met enkele van die dingen om er achter te komen waar je kind op reageert.

Ik ontdek
veel manieren om met het kind in mij
samen te zijn.

Kijk naar echte kinderen om opnieuw contact te maken met het kind in jezelf

Een goede manier om in contact te treden met of je bewust te worden van het kind in je, is te kijken naar echte kinderen. Kinderen weerspiegelen het kind in ons. Als we in de ogen van een baby kijken, voelen we vaak een diepe band. Het brengt de speelse kant van onszelf boven. Of het kind zegt iets tegen ons dat van zo'n diepe wijsheid getuigt, dat het ons zeer ontroert. Dit kind, zo lijkt het, weet meer dan wij. Dat is de weerspiegeling van het weten van het kind in onszelf.

Door contact met
echte kinderen maak ik opnieuw contact
met het kind in mezelf.

24 april

Wat vindt het kind in je leuk om te doen?

Wat vond je leuk toen je klein was? Buiten zijn? Met mensen zijn? Alleen zijn? Spelletjes doen? Schommelen? Kussengevechten houden? Boeken lezen? Naar de film gaan? Laat het kind in je te voorschijn komen en spelen. Sta jezelf toe die dingen te doen die je als kind leuk vond en die je al heel lang niet meer hebt gedaan. Of doe iets dat je altijd al hebt willen doen, maar niet mocht, of waarvan je dacht dat je het als kind nooit kon doen.

Minstens één keer per dag
doe ik iets dat ik als
kind heel fijn vond
of wilde doen.

Neem de tijd voor het kind in je

Denk eens na over dingen die leuk of koesterend zijn voor het kind in je, en begin die regelmatig in je leven op te nemen. Neem iedere dag of minstens om de paar dagen 's morgens en 's avonds even de tijd, al is het maar een paar minuten, en probeer er achter te komen wat het kind in je graag wil doen. Natuurlijk is het belangrijkste voor het kind liefde en intimiteit, dus zal je kind je leiden naar meer contact, intimiteit, vriendschap en liefde met andere mensen. Maar het is ook belangrijk dingen op te nemen die het kind leuk vindt, zoals een bubbelbad of fietsen – dingen die het kind in je echt voeden en koesteren.

Ik neem
iedere dag de tijd om te ontdekken
wat het kind in mij
wil doen.

26 april

Het kind in je zal je vertellen wat het wil

Als je er niet zeker van bent wat de behoeften van het kind in je zijn of hoe je het best voor je kind kunt zorgen, vraag het dan gewoon. Het kind kent zijn eigen gevoelens, behoeften en verlangens. Dus ontwikkel de gewoonte om met het kind te communiceren, vraag wat het nodig heeft en wil. Doe vervolgens je uiterste best de behoeften van je kind te vervullen. Je kunt niet altijd alles doen wat het kind wil op dat moment, maar je moet zijn behoeften in je leven opnemen, net zoals je met een echt kind zou doen. Geef er zoveel mogelijk prioriteit aan, en je zult bemerken dat de beloning groot is.

Ik besteed aandacht
aan de behoeften van het kind in mij,
en doe mijn best die
te vervullen.

Koop iets van speelgoed voor het kind in je

Neem het kind in je mee naar de winkel en laat het iets van speelgoed uitzoeken. Laat je volwassen ik bepalen hoeveel het zich redelijkerwijs kan veroorloven (het hoeft niet veel te zijn), laat vervolgens het kind iets voor dat bedrag uitzoeken. Soms wil het kind iets dat je volwassen ik dwaas, dom of smakeloos vindt. Laat het kind vrij kiezen, zonder jouw oordeel. Door het kind te geven wat het wil, zeg je dat je er om geeft, dat het belangrijk is. Je biedt veiligheid zodat het kind te voorschijn kan komen. Dan kun je het leren kennen.

Vandaag
koop ik voor het kind in mij iets van
speelgoed –
iets dat hij of zij echt
wil hebben.

Bescherm het kind in je als het nodig is

Het is belangrijk te weten wanneer het niet goed is het kind in je te voorschijn te laten komen. Midden in een zakelijke vergadering is het bijvoorbeeld meestal niet het beste moment om je kind te voorschijn te laten komen. Je kunt je kind thuis laten spelen door tegen het kind te zeggen dat je naar je werk gaat, en dat je daarna weer thuis komt. Zorg ervoor dat het kind weet dat je samen even zult spelen als je thuis komt.
Hoewel het in het begin misschien dwaas lijkt, leidt het bewust zorgen voor de behoeften van het kind in je tot veel meer evenwicht, harmonie, vreugde en vervulling in je leven.

Ik bescherm het kind in mij,
en laat het alleen te voorschijn komen als ik weet
dat het veilig is.

Het kind in ons bevindt zich het dichtst bij onze spirituele essentie

Het kind in ons is een van de belangrijkste aspecten van onszelf waar we contact mee moeten maken, omdat het zich het dichtst bij onze spirituele essentie bevindt. Onze spirituele essentie komt bij de geboorte in het fysiek lichaam. Een kind is bij de geboorte vrijwel zuivere spirituele essentie, omdat het op dat punt nog geen contact of ervaring met de wereld heeft. Daarom zijn we zo ontroerd als we ons in de nabijheid van heel jonge kinderen bevinden; we zien de weerspiegeling van onze eigen diepe, mooie en onschuldige spirituele essentie die nog niet is ondergesneeuwd of verborgen.

Terwijl ik contact maak
met het kind in me, stel ik me open voor
mijn spirituele essentie.

30 april

Het kind in ons brengt ons in contact met onze ziel

Het is heel belangrijk het kind in ieder van ons opnieuw te ontdekken en tot uitdrukking te laten komen. Naarmate we de ware gevoelens en behoeften van het kind ontdekken, het bewust en doelmatig beginnen te koesteren en ervoor te zorgen, ontdekken we dat de meeste van onze oude, starre afweermechanismen niet langer nodig zijn, en beginnen we te ontspannen en los te laten. Het kind komt tot leven en brengt ons emotionele diepgang en authenticiteit, spontaniteit, onschuld en vreugde. Via het kind komen we weer in contact met onze ziel, de essentie van ons wezen. Opnieuw zijn we in contact met de universele geest, de eenheid van alle leven.

Via het kind in mij
ben ik in contact met
mijn ziel.

De aarde is onze moeder

Onze moeder de aarde is onze beste leermeesteres. Als we opletten, kunnen we van haar alles leren wat we dienen te weten over hoe we op het fysieke plan moeten leven. Iedere dag toont ze ons op alle mogelijke manieren haar natuurlijke ritmen en cycli, alle natuurwetten van het leven.

Ik word me bewust
van de ritmen van het leven
in mezelf en overal
om me heen.

2 mei

Leef volgens de ritmen van de aarde

De druk van het moderne leven neigt ons te vervreemden van de natuurlijke cycli en ritmen van de aarde. We staan op als de wekker afgaat; we gaan naar bed na het nieuws van elf uur. Het leven is gestructureerd rondom wat we *denken* dat er moet gebeuren, niet volgens een natuurlijk ritme. Toch maken we deel uit van de aarde. We dienen dat te onderkennen, de ritmen van de aarde te respecteren en in overeenstemming ermee te leven.

Ik ben
een deel van de aarde
en de aarde is een deel
van mij.

De ritmen van de aarde hebben invloed op ons

We zijn geen machines die iedere dag dezelfde produktie kunnen leveren. Onze geestelijke en emotionele toestand is anders op een zonnige zomerse dag dan op een bewolkte winterse dag. En er is een oneindig aantal kleine veranderingen iedere dag die invloed op ons uitoefenen. Als we die verschillen iedere dag kunnen onderkennen en accepteren, kunnen we ons meer op de stroom van het leven mee laten voeren.

Ik merk
hoe de toestand van de aarde
invloed heeft op mij.

4 mei

Ga naar buiten

Om beter contact te krijgen met onze verbondenheid met de aarde is het van wezenlijk belang dat we iedere dag, al is het maar enkele minuten, buiten zijn. Alleen door iedere dag dat contact rechtstreeks te ervaren, kunnen we ons bewust worden van de subtiele veranderingen die zich door de seizoenen heen voordoen. Natuurlijk is het wat moeilijker als je in een stad woont, maar bijna iedereen kan naar buiten lopen, naar de lucht kijken en de lucht en de zon voelen.

Iedere dag
ben ik even buiten
en maak ik contact met de aarde en mezelf.

Zoek een speciale plek

Zoek een plek in de natuur waar je van houdt en die je in contact laat zijn met de aarde. Het zou een plek moeten zijn waar je gemakkelijk naar toe kunt gaan. Als je in een stad woont en niet veel mogelijkheden hebt om naar buiten te gaan, zoek dan een plek die je op zijn minst de lucht laat zien en de zon laat voelen. Breng zo vaak mogelijk wat tijd door op je speciale plek, als het kan iedere dag. Onderzoek de plek, leer haar kennen. Zoek er een gemakkelijk plekje waar je kunt ontspannen en mediteren. Stel je voor dat je je afstemt op de ziel van deze plek. Vraag of zij je iets heeft mee te delen. Vraag om iets dat je hier zou willen krijgen, zoals sereniteit, koestering, heling of persoonlijke kracht.

Ik breng graag
tijd door op mijn speciale plek
op aarde.

6 mei

Zoek een krachtvoorwerp

Ga naar een mooie plek in de natuur en zoek een gemakkelijke plaats waar je even kunt mediteren. Haal diep adem, ontspan lichaam en geest en laat je bewustzijn wegglijden in een diepe, stille plek in jezelf. Vraag je innerlijke, intuïtieve zelf om je naar een goed krachtvoorwerp te leiden. Sta vervolgens op en wandel op je gemak rond, terwijl je om je heen kijkt en alles wat je op de grond en in je omgeving ziet, waarneemt. Raap dingen op en kijk er naar als je je er toe aangetrokken voelt. Op een bepaald moment zul je een voorwerp vinden dat voor jou betekenisvol en krachtig aanvoelt. Het kan van alles zijn – een steen, blad, veer, schelp of denneappel. Ga zitten en houd het krachtvoorwerp vast. Vraag welke betekenis het voor je heeft. Neem het vervolgens mee naar huis en leg het op een speciale plek, bij voorkeur waar je het iedere dag kunt bekijken en bevestigen.

Mijn krachtvoorwerp
herinnert me aan dingen
die ik niet moet vergeten.

Merk op waar je woont

Het is interessant op te merken hoe onze geografische ligging betrekking heeft op het proces waarmee we de mannelijke en vrouwelijke polariteit in onszelf in evenwicht brengen. Een rustige, natuurlijke omgeving ondersteunt meestal het vrouwelijke aspect van ons wezen. Een levendige, actieve omgeving stimuleert de mannelijke energie. Hogere temperaturen helpen ons te ontspannen en onze ontvankelijke, vrouwelijke energieën open te stellen. Een kouder klimaat biedt een fysieke uitdaging en bevordert hard werken en gerichte aandacht, hetgeen onze mannelijke kant ontwikkelt. Dus New York is in veel opzichten de uitdrukking bij uitstek van mannelijke energie; Hawaii is een voorbeeld van een uitzonderlijk vrouwelijke omgeving. De meeste plaatsen bevatten een scala aan elementen die tussen deze twee extremen in liggen.

Ik merk op
hoe mijn omgeving invloed uitoefent
op mijn proces.

8 mei

Word je bewust van je omgeving

Sta stil bij hoe de geografische gesteldheid van je omgeving je leven beïnvloedt, zowel uiterlijk als innerlijk. Ondersteunt ze op de eerste plaats je ontwikkeling of leidt ze je ervan af? Wat goed is voor je hangt af van veel persoonlijke factoren – welke levens je al hebt ervaren, in welke fase van je leven je je bevindt, wat je doel is en welke aspecten van je persoonlijkheid moeten worden ontwikkeld en verstevigd. Als je je bewust wordt van het effect dat je fysieke locatie heeft op je persoonlijke proces, kun je stappen ondernemen om meer evenwicht te scheppen.

Op welke manier ondersteunt mijn fysieke omgeving mijn proces? Op welke manieren leidt ze mij ervan af?

Stappen om evenwicht te scheppen

Als je in een stad woont, heb je het misschien nodig iedere dag naar een park te gaan, de weekeinden buiten de stad door te brengen en/of regelmatig op vakantie te gaan in een rustiger omgeving. Als je in een landelijke omgeving woont, bemerk je misschien dat regelmatige uitstapjes naar de stad je de nodige stimulans geven. Als je een zittend leven leidt met veel geestelijke inspanning, moet je wellicht regelmatig op vakantie gaan in een omgeving die een fysieke uitdaging en spirituele afstemming biedt, zoals skiën of wildwatervaren. En misschien moet je overwegen om op een plek te gaan wonen die het huidige stadium van je levensreis beter ondersteunt.

Ik schep
een positieve verandering en
evenwicht in mijn fysieke
omgeving.

10 mei

Wij zijn ook een dier

Als menselijke wezens zijn we geneigd ons te identificeren met onze mentale energieën, onze rationele intelligentie die ons van dieren onderscheidt. Maar fysiek zijn we ook een dier. We zijn geneigd het dier in ons te ontkennen, maar ontkenning scheidt ons van onze omgeving en weerhoudt ons ervan te weten hoe we gemakkelijk en natuurlijk in ons fysieke lichaam kunnen leven. We moeten het dierlijke aspect van onze aard opnieuw opeisen. Het niveau van onze geest is nooit hoger dan dat van het fysieke ik dat de geest ondersteunt.

Ik respecteer
mijn dierlijke kant.

Dieren kunnen onze leermeester zijn

Onze broers en zusters de dieren kunnen ons heel veel leren. Door contact met onze huisdieren, of door wilde dieren te bestuderen en observeren, kunnen we veel leren over onszelf dat we zijn vergeten. Dieren staan in nauw contact met hun wezen. Ze drukken zich vrij en natuurlijk uit via hun fysieke vorm. Ze volgen instinctmatig de ritmen van het leven. Ze kunnen ons helpen gemakkelijk en natuurlijk op aarde te leven.

Door dieren te observeren
kan ik iets over
mezelf leren.

12 mei

Ontdek je krachtdier

Stel je voor dat je door een bos of oerwoud loopt. Je ziet of voelt de aanwezigheid van veel dieren om je heen. Op een bepaald punt kom je een dier tegen dat een speciale betekenis heeft voor jou. Vraag welke boodschap het voor je heeft, en sta er open voor. Dit dier kan in woorden of telepatisch tot je spreken, of het kan door zijn bewegingen aangeven wat het wil zeggen. Vertrouw op de intuïtieve gevoelens die op je af komen, en ga in overeenstemming daarmee met het dier om.
Het dier vertegenwoordigt een bepaald soort kracht of wijsheid. Sta jezelf toe te ontvangen wat het jou speciaal te bieden heeft. Weet dat dit dier nu je speciale vriend of bondgenoot is, en dat je er altijd een beroep op kunt doen als je het nodig hebt.

Mijn
krachtdier geeft me
speciale kracht.

Koester je lichaam

In onze cultuur zijn we geneigd ons fysieke lichaam te negeren of het voor lief te nemen. We dienen te leren ons lichaam te erkennen en te waarderen om alles wat het voor ons doet.
Ga iedere dag met je fysieke lichaam om op een manier die goed voelt. Dat wil niet zeggen dat je het dingen laat doen waarvan jij *denkt* dat ze goed zijn voor het lichaam. Laat het lichaam dingen doen die daadwerkelijk vervullend, leuk, stimulerend, aangenaam aanvoelen. Ga de buitenlucht in, loop, adem, dans, zwem, rust, luister naar mooie muziek, laat je masseren, eet heerlijke, voedzame dingen. Laat je lichaam van zichzelf genieten!

Iedere dag
doe ik iets dat goed
voor mijn lichaam aanvoelt.

14 mei

Zoek je eigen ritme

Ons fysieke lichaam heeft bepaalde elementaire dingen nodig: slaap, voeding, lichaamsbeweging, frisse lucht. We moeten in een regelmatig ritme aan die eisen voldoen. We slapen beter als we iedere avond op een vast tijdstip gaan slapen en op dezelfde tijd de volgende ochtend wakker worden. Het draagt bij aan ons welzijn als we met een zekere regelmaat eten en in beweging zijn. We moeten ons eigen natuurlijke, fysieke ritme ontdekken en respecteren.

Ik waardeer
mijn lichaam en zorg ervoor
volgens een ritme dat er bij past.

Dagelijkse gewoonten

Begin een gevoel te ontwikkelen voor je eigen fysieke behoeften. Let erop op welk tijdstip jij het liefst wakker wordt of naar bed gaat. Let erop wanneer je de meeste energie uit je eten haalt. Wat is het beste tijdstip voor lichaamsbeweging voor jou? Het is belangrijk het beste ritme voor jezelf te bepalen, dat je iedere dag uit kunt voeren. Als je merkt dat je niet in staat bent je aan hetzelfde ritme te houden, is het waarschijnlijk niet goed voor je. Blijf zoeken totdat je het ritme vindt dat bij jou past.

Iedere dag
word ik wakker, eet ik, doe ik oefeningen
en slaap ik op een manier die me een goed
gevoel
geeft en me met energie vervult.

Je lichaam wekken

Steeds als je 's morgens wakker wordt, blijf je een paar minuten liggen en stem je je af op hoe je lichaam zich voelt. Zeg tegen je lichaam dat je het waardeert omdat het er voor je is. Rek je uit en beweeg je lichaam op een manier die goed voelt. Sta langzaam op. Drink een groot glas water en bedenk hoe het water je lichaam reinigt en aanvult. Drink of eet gedurende enkele minuten hierna niets. Geef jezelf de gelegenheid contact te maken met de natuurlijke energie van je lichaam, voordat je aan de activiteiten van de dag begint.

Iedere ochtend
neem ik even de tijd om me
bewust te zijn van mijn lichaam.

Adem

Haal iedere dag, bij voorkeur nadat je pas bent opgestaan, een paar keer langzaam en diep adem. Adem volledig in en uit, zodat je voelt hoe zowel je borst als je maag zich uitzetten. Terwijl je uitademt, denk je aan het loslaten van oude patronen en beperkingen die je niet meer nodig hebt in je leven. Terwijl je inademt, denk je eraan dat je nieuw leven, gezondheid en energie inademt.

Ik adem uit wat
ik niet meer nodig heb. Ik adem in wat
ik nu nodig heb en wil.

18 mei

Koester je lichaam

Het is belangrijk dat je het juiste dagelijkse ritme vindt om je lichaam te voeden. Ieder lichaam heeft weer enigszins andere behoeften, dus stem je af op wat je eigen lichaam je zegt. De gebruikelijke drie maaltijden per dag werken misschien niet voor jou. Sommige mensen vinden kleine hapjes in de loop van de ochtend en twee grote maaltijden later op de dag bevredigend. Andere mensen willen een zware maaltijd midden op de dag en vervolgens een lichte avondmaaltijd. Sommige mensen willen een energiestoot om vier uur, tussen de lunch en het avondeten. Let erop hoe je lichaam reageert op het eten dat je het geeft, en pas je schema in overeenstemming daarmee aan.

Ik voed
mijn lichaam op een manier die me vult
met energie.

Lichaamsbeweging

Beweeg en stimuleer je lichaam dagelijks op een manier die het energie geeft en die leuk is. Om aan de dagelijkse behoeften van je lichaam te voldoen, is het niet nodig het zo te oefenen dat het pijn doet. Iedere dag een wandeling is voor de meeste mensen genoeg. Je kunt zwemmen, yoga of strekoefeningen doen, op aerobics gaan, fietsen of een sport beoefenen die je leuk vindt, zoals basketbal of tennis. Wees voorzichtig dat je niet te veel van je lichaam vergt. Breng inspannende oefeningen in evenwicht met rustigere oefeningen zoals strekken of wandelen.

Iedere dag
beweeg ik mijn lichaam
op een manier die stimulerend
en leuk is.

20 mei

Slaap

Hoeveel slaap krijg je iedere nacht? Heb je de gewoonte jezelf overdag op te peppen met koffie of andere stimulerende middelen? In onze actieve, productieve, door de linkerhersenhelft bestuurde maatschappij, drijven we onszelf voortdurend op en geven onszelf niet genoeg tijd om te rusten. Het menselijk lichaam heeft rust en slaap nodig om te kunnen functioneren. Sta jezelf zoveel slaap toe als je nodig hebt.

Ik geef
mezelf iedere nacht de slaap
die ik nodig heb.

Luister naar je lichaam

Steeds als je pijn voelt in je lichaam, probeert je geest je iets te zeggen. Je geest zegt je dat je je bewust moet worden van iets. Vraag je lichaam wat het tegen je wil zeggen.
Het lichaam is heel letterlijk. Het zal je zo nauwkeurig als het kan laten zien waar je je van bewust moet worden. Dat heeft altijd te maken met beter voor jezelf zorgen en meer van jezelf houden.

Ik luister
naar wat mijn lichaam tegen
me zegt.

22 mei

Het emotionele en fysieke werken samen

Het emotioneel niveau helen is nauw verwant met de integratie en heling van het fysiek niveau. Als we werken aan heling op emotioneel niveau, moeten we meestal ook werken aan heling op fysiek niveau – via massage en lichaamswerk, diverse vormen van alternatief genezen zoals chiropraxie of acupunctuur, of werken met diëten en voeding. We kunnen ontzettend veel helen door beweging, dansoefeningen – de levensenergie door ons lichaam laten stromen.

We moeten de plaatsen waar de energie in ons lichaam is geblokkeerd, wat meestal samenhangt met onze emotionele ervaringen, schoonmaken. Het genezingsproces wordt versneld als we tegelijkertijd op fysiek en emotioneel niveau werken.

Mijn fysiek
en emotioneel genezingsproces
gaan gelijk op. Ze ondersteunen
elkaar.

Aanraking is heel belangrijk

Bedenk eens hoe een nest jonge poesjes of hondjes op een hoop liggen en hoe ze zich tegen elkaar nestelen. Wij mensen verlangen ook naar nauw fysiek contact. In de meeste samenlevingen hadden gezinnen tot voor kort veel nauwer fysiek contact. Maar onze maatschappij is niet open waar het aanraking betreft.

Aanraking en intimiteit zijn koesterend, verzachtend en troostend voor het kind in ons, en zijn een onontbeerlijk element in het leven. We zijn daar helemaal van vervreemd. Niet alleen raken we elkaar niet aan, maar we leven in gescheiden vertrekken en gescheiden huizen in wat echt kan leiden tot een heel eenzaam bestaan.

Iedere dag
raak ik iemand fysiek aan
op een manier die voor ons beiden
koesterend is.

24 mei

We hebben gemeenschap nodig

De manier waarop onze maatschappij nu is opgezet, scheidt de meesten van ons van het soort emotioneel en sociaal contact dat we nodig hebben. We moeten, indien mogelijk, bewust stappen ondernemen om onze levensomstandigheden te veranderen, zodat ze meer bijdragen tot delen en tot een gevoel van familie, stam of verbondenheid met andere mensen. En als we niet daadwerkelijk onze levensomstandigheden kunnen veranderen, moeten we aansluiting zoeken en een band aangaan met andere mensen in onze gemeenschap.

Ik schep
een gevoel van gemeenschap in
mijn leven.

Alles is met elkaar verbonden

Alles wat de aarde overkomt, overkomt ons allemaal. We ademen allemaal dezelfde lucht in, lopen over dezelfde grond. Als we op de grond spugen, spugen we op onszelf. Het water stroomt uit in de zee, wordt vervolgens door de lucht opgenomen en komt dan als regen op ons allemaal neer. De aarde is onze moeder. Dieren zijn onze broers en zussen[1]. We zijn allemaal met elkaar verbonden – de aardse familie.

Ik voel me verbonden
met alles en iedereen
op aarde.

1. Vrij naar de mooie woorden van opperhoofd Seattle van de Suwamish in een brief aan president Franklin Pierce.

26 mei

Voel de levenskracht in je

Ooit ervoeren we van nature een gevoel van diepe eenheid met het leven. Naarmate we steeds beschaafder en meer geïndustrialiseerd raakten, raakten we het contact met dat gevoel kwijt. Nu keren we als individu, als cultuur, en over de hele wereld in ons massabewustzijn hier weer naar terug. We beginnen opnieuw in te zien dat we een deel van het universum zijn en dat de levenskracht in ons ons met elkaar en met alle andere levende dingen verbindt.

De levenskracht
in me verbindt me met alles
en iedereen.

We bestaan uit de vier elementen

Ons lichaam en heel de schepping bestaan uit de vier elementen: aarde, lucht, vuur en water. Wees je bewust van al die elementen in je en overal om je heen. De aarde is sterk, standvastig, sereen en ondersteunend. Water stroomt en kolkt. De lucht is licht en vrij, bijna zonder vorm. Vuur is heet, helder en energiek.
Op veschillende tijdstippen maken we verschillende stadia van deze elementen door. De ene dag voelen we ons misschien heel licht en luchtig, op een ander moment zijn we vol vuur. Begrijp dat het allemaal noodzakelijke stadia zijn en dat we van het ene in het andere overgaan.

Ik ben
aarde, lucht, vuur en
water.

28 mei

Boommeditatie

Zoek een speciale boom uit. Ga er onder zitten, klim er in of ga er dicht tegen aan staan en leg je armen er omheen. Zoek welke manier het fijnste is om er fysiek contact mee te hebben.

Sluit je ogen en ontspan je in een meditatieve geestestoestand. Stel je voor dat deze boom een moeder, vader, broer of zus voor je is. Praat in gedachten met de boom en zeg wat je er voor voelt. Laat vervolgens je geest tot rust komen en sta jezelf toe de energie van deze boom te ontvangen. Misschien is hij koesterend, sterk, wijs of wellicht humoristisch. Vertrouw op de relatie die je met deze boom voelt.

Als je in de buurt woont, zoek je boom dan vaak op. Misschien ontdek je wat een troostrijke en liefhebbende vriend het is.

Ik heb
veel soorten vrienden
in deze wereld.

Steenmeditatie

Zoek een grote steen die glad genoeg is om op te zitten, liggen of tegenaan te leunen. Ontspan je diep en voel je lichaam tegen de steen. Voel hoe krachtig en stevig de steen is. Merk op hoe koel of warm hij is. Denk eraan hoe oud hij is en hoe lang hij al op deze plek ligt. Stel je voor dat je de steen bent en probeer je voor te stellen hoe het zou zijn om honderden, duizenden of misschien miljoenen jaren zo rustig en stil te liggen. Sta jezelf toe de serene, krachtige energie van deze steen in je op te nemen.

Ik voel de energie
van de aarde door
deze oude steen heen.

30 mei

Vraag om een zegening

Steeds als je iets doet in de natuur of iets dat met de aarde te maken heeft, neem dan even de tijd om een zegening van de aarde en de plant, het dier en andere natuurgeesten op die plek te vragen. Bedenk dat we nooit echt een stukje van de aarde kunnen bezitten. We zijn de hoeder, en de plek zal ons laten weten wat ze nodig heeft en wil.

Ik ben
een hoeder van de
aarde.

Bedank de aarde

Neem iedere dag bij het opstaan een ogenblik om door het raam naar buiten te kijken, of de tuin in te lopen en de schoonheid van de natuur zoals ze op die dag is, waar te nemen. Als je in een flat in de stad woont zonder tuin of bomen, kun je het doen met de planten in huis, of uit het raam leunen en naar de lucht kijken.

Bedank moeder aarde en alle elementen. Zeg dank voor de nieuwe levensdag. Het is een kostbaar geschenk.

Ik zeg dank
voor een nieuwe mooie dag
op aarde.

1 juni

Zie je leven als een spiegel

We scheppen alles wat ons overkomt zelf. We trekken mensen, gebeurtenissen en ervaringen die we voor onze groei nodig hebben aan, of worden er door aangetrokken.
Zie in alles en iedereen die je ontmoet en in iedere ervaring die je hebt dat het een weerspiegeling is van wat er in je gebeurt. Dan kun je beginnen de problemen die je in relatie met jezelf hebt te corrigeren. Je kunt beginnen te veranderen. Je kunt beginnen de delen die niet werken te genezen. En je kunt ruimer worden en uitdrukking aan jezelf geven, en alle dingen die het best voor je werken naar buiten laten komen.

Ik zie mijn leven
als een spiegel van mijn innerlijk
proces.

De belangrijkste relatie die we hebben

Eén relatie in ons leven is de allerbelangrijkste. Het is de basis voor alle andere relaties. En als die relatie werkt, werken alle andere relaties in ons leven ook. Als ze niet werkt, werken alle andere relaties evenmin. Het is de relatie met onszelf.
Als we ons richten op die innerlijke relatie zien we dat al het andere in ons leven weerspiegelt hoe we over onszelf voelen en onszelf behandelen. Door dit bewustzijn kunnen we een relatie met anderen scheppen die eerlijker, echter, vervullender en krachtiger is.

Ik bouw
een oprechte, liefhebbende relatie
op met mezelf en met
anderen.

3 juni

De heelheid bevindt zich in ons

De meesten van ons zijn de relatie met zichzelf kwijtgeraakt. Door de leegte, eenzaamheid en wanhoop die we ervaren, zijn we die verbinding in onszelf kwijtgeraakt, en hunkeren we ernaar vervulling buiten onszelf te zoeken. We zoeken naar relaties, in de hoop dat we iemand vinden die ons een gevoel van heelheid kan geven. Maar het gebeurt niet.
Niemand anders kan je vervullen als je niet begint de relatie met jezelf te ontwikkelen. De belangrijkste verbinding bevindt zich in je. Heelheid is de ervaring van integreren en uitdrukking geven aan de vele aspecten van jezelf.

Ik vind
heelheid binnen
mezelf.

Breng je ziel in de wereld

In de tradities van zowel het Oosten als het Westen hebben de mensen die een spirituele weg willen volgen zich uit de wereld teruggetrokken, zijn celibatair gaan leven en hebben intieme relaties vermeden. Ze zien een relatie als een afleiding van het belangrijkste doel, de spirituele ontwikkeling. Het is waar dat het moeilijk is bewust in contact te blijven met onze spirituele kern terwijl we te maken hebben met de problemen van het wereldse leven en vooral de moeilijkheden van een relatie. Maar nu is de tijd aangebroken om over te gaan naar een nieuw niveau van spiritualiteit. Nu staan we voor de uitdaging onze ziel volledig in de fysieke wereld te brengen, in elk aspect en ieder moment van ons dagelijks leven. Om dit te kunnen, moeten we bereid zijn alle situaties die we misschien hebben vermeden door uit de wereld terug te treden, onder ogen te zien.

Ik breng mijn
spirituele wezen in mijn
dagelijks leven.

5 juni

We kunnen relaties niet uit de weg gaan

Er zijn momenten in ons leven waarop het goed is ons uit de wereld terug te trekken en ons alleen te richten op de relatie met onszelf. Maar als we echt bewuste wezens willen worden, kunnen we relaties niet uit de weg gaan. Uiteindelijk zullen we ons in de wereld moeten begeven en onze relatie met alles en iedereen om ons heen gebruiken om ons eigen innerlijke proces te weerspiegelen. In relaties zien we onszelf het duidelijkst weerspiegeld. Er is absoluut geen enkele leermogelijkheid die niet aanwezig is in onze relaties. Ze leren ons letterlijk alles wat we dienen te weten.

Mijn relaties
leren me wat ik moet
weten.

Door onze relaties kunnen we onszelf zien

Het is veel moeilijker naar binnen te kijken dan naar de buitenwereld. Daarom is het belangrijk relaties te zien als spiegels van wat zich binnen in ons afspeelt. We kunnen echt niet erg goed in onszelf kijken. Maar als we kunnen kijken naar onze relaties en onszelf erin weerspiegeld zien, kunnen we onszelf beginnen te zien.

Ik zie
mijzelf weerspiegeld in mijn
relaties.

7 juni

Relaties zijn ons krachtigste hulpmiddel

Relaties zijn waarschijnlijk de krachtigste spirituele weg die in de wereld van vandaag bestaat. Het is het geweldigste hulpmiddel dat we hebben. Onze relaties kunnen de snelste en krachtigste weg vormen naar de diepste waarheden, als we ze weten te gebruiken. Dat gaat niet alleen op voor onze romantische relaties, maar ook voor alle andere relaties. Die oefening verandert alle momenten van ons leven in een meditatie, een workshop, een creatieve mogelijkheid.

Ik leer
van iedere relatie in
mijn leven.

Alle energieën moeten tot uitdrukking kunnen komen

Het universum bevat elementaire archetypen. Bij iedere mens zijn al die archetypen in aanleg aanwezig. Over het algemeen hebben we er enkele van ontwikkeld, en dat zijn degene waar we ons mee identificeren en die we in ons leven tot uitdrukking brengen. De andere zijn onderontwikkeld of verdrongen, maar proberen voortdurend tot uitdrukking te komen. Om evenwicht en heelheid te bereiken moeten we geleidelijk aan leren al die energieën in onze persoonlijkheid tot uitdrukking te brengen. In een hechte relatie zal de ander meestal die energieën tot uitdrukking beginnen te brengen die we hebben verdrongen. In een gezin zal alles wat niet door een van de ouders tot uitdrukking wordt gebracht, bij een van de kinderen tot uitdrukking komen. Als je je bewust wordt van dit proces, kun je al je relaties gebruiken als een spiegel.

Welke energie breng ik in mijn leven niet volledig tot uitdrukking? Hoe wordt dat in mijn relaties weerspiegeld?

9 juni

We hebben een breed scala aan energieën

Ieder van ons beschikt over een veel breder scala aan energieën dan we ons bewust zijn. Kijk eens naar wat het is in jezelf dat je afwijst of dat je niet tot uitdrukking brengt. Het leven probeert je te laten zien hoe je kunt beginnen contact te maken met die delen van jezelf. Een van de manieren waarop het leven je dat laat zien, is via spiegelen. De mensen in je leven die je graag mag en waar je goed mee overweg kunt, die je bewondert en waardeert en waar je een redelijke mate van harmonie mee bereikt, weerspiegelen de aspecten van jezelf waar je van houdt, die je hebt geïntegreerd in je wezen. De mensen in je leven die je niet mag, die je moeilijkheden bezorgen, die je lastig vallen, die je negatief beoordeelt, die je niet uit kunt staan – die mensen weerspiegelen aspecten van jezelf waar je nog niet van houdt, die je niet hebt geïntegreerd of niet in jezelf tot uitdrukking brengt.

Met wie heb ik problemen?
Zie ik iets in hen dat ik niet in
mezelf accepteer?

Tegenpolen trekken elkaar aan

Vaak voelen we onszelf aangetrokken tot onze tegenpolen en trekken we ze aan – mensen die de tegenpolen hebben ontwikkeld van de kwaliteiten waar we ons het sterkst mee identificeren. We zijn onbewust op zoek naar heelheid, dus voelen we ons aangetrokken tot mensen die die energieën bij zich dragen en tot uitdrukking brengen die in onze eigen persoonlijkheid onderontwikkeld zijn. Op een bepaald niveau erkennen we dat ze de potentie hebben ons meer in evenwicht te brengen.

Wie in mijn leven
draagt energieën in zich
die tegengesteld zijn aan de mijne?

11 juni

Het zijn onze leermeesters

De mensen in ons leven die energieën tegengesteld aan de onze bij zich dragen, kunnen onze krachtigste leermeesters zijn als we hun daartoe de gelegenheid geven. We moeten inzien dat ze die tegengestelde polen tot uitdrukking brengen die we willen en nodig hebben. In een vroeg stadium in de relatie voelen we vaak aan dat de ander ons precies brengt wat we nodig hebben. Het is in feite hun anders-zijn dat we zo aantrekkelijk vinden. Maar na een poosje beginnen we ze af te wijzen vanwege de manier waarop ze anders zijn, en proberen we hen zo te veranderen dat ze meer zijn zoals wij!

We moeten bedenken dat we hen in ons leven hebben gebracht om van hen te leren en ons door hen te laten inspireren. De uitdaging bestaat erin open te zijn om die delen van onszelf te ontdekken die zij weerspiegelen.

De mensen
die met mij een relatie hebben,
zijn mijn leermeesters.

De polariteit van slordig versus netjes

Een probleem dat zich in veel relaties voordoet, is het conflict tussen structuur en spontaniteit. Bijna alle mensen die samen leven, komen in deze polarisatie terecht – de een is netjes en de ander is slordig. Het is in feite het conflict tussen die zeer gestructureerde, georganiseerde, lineaire kant van onszelf en het meer spontane, intuïtieve en creatieve aspect. De een speelt het ene uit en de ander het andere.

Je kunt eindeloos in conflict blijven totdat je inziet dat het conflict je toont dat je beide kanten nodig hebt. Je moet beiden het evenwicht proberen te vinden en het midden tussen die twee extremen in je leven zoeken.

Ik vind
het evenwicht tussen structuur en
spontaniteit in mijn leven.

13 juni

De polariteit van toewijding versus vrijheid

Het is heel gebruikelijk in een relatie dat de een grotere toewijding, meer diepgang en meer intimiteit wil, en de ander meer vrijheid, meer ruimte. Dit uiterlijk conflict weerspiegelt de tegenstrijdige polariteiten in ieder van ons. We willen allemaal contact, intimiteit en toewijding. Tegelijkertijd zijn we bang onze vrijheid en individualiteit kwijt te raken. Als je een dergelijk conflict in een relatie hebt, probeer dan in te zien wat het zegt over die delen in jezelf.

Ik kan
de vrijheid vinden om mezelf te zijn
binnen de verbinding van een hechte
relatie.

De polariteit tussen emotie en ratio

Een conflict dat je heel vaak in relaties tegenkomt, is dat de een geneigd is het leven rationeler te benaderen en emotioneel minder betrokken, en de ander geneigd is alles emotioneel te benaderen. Heel vaak zie je dat het de tegenstelling is tussen de man en de vrouw. Van oudsher zijn mannen door de maatschappij geconditioneerd om rationeler te zijn, en vrouwen emotioneler.
Dus als bijvoorbeeld een zeer emotionele vrouw samenleeft met een zeer rationele man, toont de vrouw aan de man dat hij meer in contact moet komen met zijn emoties en gevoelens. En de man toont de vrouw dat ze een meer onpersoonlijke of afstandelijke energie moet ontwikkelen, die haar een zekere mate van kracht en evenwicht in haar leven schenkt.

Ik vind
het evenwicht tussen ratio en
emotie.

We moeten onze tegenpool integreren

Als zich in een relatie een probleem voordoet, is dat meestal een teken dat beiden elkaar een energie voorhouden die de ander moet ontwikkelen. Als de partners niet beginnen die tegengestelde energieën te integreren, zullen ze nog verder in de hun vertrouwde richting polariseren.
Bijvoorbeeld in de polariteit tussen emotie en ratio zal de vrouw beginnen de emotionele energie van de man uit te dragen, en zal ze dubbel zo emotioneel worden. En de man begint een dubbele lading verantwoordelijkheid uit te dragen voor de aspecten van het leven die een rationelere benadering vereisen. Hij zal emotioneel nog afstandelijker worden. Beide mensen kunnen deze impasse doorbreken door te beginnen hun tegengestelde kant te ontwikkelen.

Ik ontwikkel
en integreer mijn tegengestelde
polariteiten.

Mijn relaties drukken aspecten van mezelf uit

Denk eens aan iemand in je leven met wie je een probleem hebt. Het kan je partner zijn, iemand op je werk, een van je kinderen, iemand anders in de familie; het zou een vriend kunnen zijn. Vraag jezelf af welke kwaliteiten die persoon heeft die verschillen van die van jou. Hoe drukt die persoon iets uit dat echt verschilt van de manier waarop je jezelf uitdrukt? Die persoon kan een aspect van jou weerspiegelen dat je niet kent of niet in jezelf toestaat. Als die kwaliteit negatief lijkt in jouw ogen, probeer dan of je een onderliggende positieve kern kunt vinden.

Als hij of zij bijvoorbeeld dwingend en agressief is, wordt misschien een deel van jou dat assertiever moet zijn, weerspiegeld. Als hij of zij lui lijkt, wordt misschien een meer ontspannen aspect van jou weerspiegeld.

Ik ontdek
de spiegel in al mijn
relaties.

17 juni

Waarover heb je een negatief oordeel?

Het kan moeilijk zijn voor ons te onderkennen of accepteren dat mensen met wie we problemen hebben in feite de verdrongen delen van onszelf weerspiegelen. Een eenvoudige manier om dat vast te stellen is als je heel negatief over die persoon denkt. Onder de oppervlakte ben je misschien jaloers. Mogelijk drukt die persoon een soort energie uit die jij van jezelf niet mag uiten. Misschien is bij die persoon de balans naar de andere kant doorgeslagen. Je hoeft niet te worden zoals zij, of in uitersten te vervallen. Erken gewoon dat je wellicht jezelf de ruimte moet geven iets meer van die energie te ontwikkelen.
Als je bijvoorbeeld een rustig, gereserveerd mens bent, kan het zijn dat je iemand die veel aandacht naar zich toe lijkt te trekken, afkeurt. Misschien weerspiegelt zo iemand een deel van je dat graag meer aandacht zou krijgen.

Waar in mijn leven beoordeel
ik mijzelf of anderen negatief?
Hoe spreekt daaruit een deel van mezelf
dat ik niet accepteer?

Uit de weg gaan en accepteren

We gaan de dingen waar we bang voor zijn uit de weg, omdat we denken dat het rampzalige gevolgen zal hebben als we ze het hoofd bieden. Maar de ware rampzalige gevolgen in ons leven komen van de dingen die we moeten leren en ontdekken en die we uit de weg gaan. We moeten in plaats daarvan de dingen leren accepteren waar we bang voor zijn, ongeacht of het gaat om het ontdekken van onze emoties of te leren ons banksaldo in evenwicht te houden! Accepteren is gewoon de bereidheid naar iets te kijken, het hoofd te bieden en te begrijpen in plaats van het te verdringen.

Accepteren wil niet zeggen dat we dingen in ons leven moeten toestaan die niet goed zijn voor ons. We moeten grenzen aangeven en onderscheid kunnen maken tussen wat wel en niet goed is voor ons.

Ik ben
bereid alle aspecten van mijzelf
en het leven het hoofd te
bieden en te begrijpen.

19 juni

Onderneem eerst actie naar buiten toe

Bereid zijn te leren van onze relaties wil niet zeggen dat we in een relatie moeten blijven die niet goed is voor ons. Als een relatie fysiek of emotioneel schadelijk is, moeten we eruit leren hoe we grenzen aan moeten geven en onszelf beschermen. Dat betekent dat we uit de relatie moeten stappen als dat de manier is om goed voor onszelf te zorgen.

Mensen kunnen ons slechts bekritiseren of misbruiken in de mate die we accepteren of toestaan. Om te beginnen moeten we stappen naar buiten toe ondernemen om voor onszelf te zorgen. Vervolgens moeten we naar binnen keren om de manier waarop we onszelf bekritiseren of misbruiken te helen, en in plaats daarvan beginnen van onszelf te houden en onszelf te ondersteunen.

Ik geef de
juiste grenzen aan om
mezelf te beschermen en
voor mezelf te zorgen.

Erken de positieve spiegels

Als we onze relaties als spiegels beginnen te beschouwen, zijn we geneigd alleen de negatieve spiegels te zien. Het is belangrijk dat je zowel de positieve als de negatieve respons die je van je relaties krijgt, erkent. Neem de tijd om het positieve en mooie van wat je in je leven hebt gecreëerd te zien, want dat is ook een weerspiegeling van wie je bent. Gebruik het negatieve dat je ziet niet als een reden om jezelf op de huid te zitten, maar als iets dat je moet leren om het meesterstuk waar je aan werkt te verbeteren. Je leven is een zich voortdurend ontwikkelend werkstuk; je bent altijd bezig het te verbeteren en vorm te geven.

Door de positieve
weerspiegelingen van mijn leven
zie ik hoe mooi
ik ben.

21 juni

Voorbeelden weerspiegelen mijn innerlijke kwaliteiten

Denk aan iemand die kwaliteiten heeft die je bewondert. Wat waardeer je in deze persoon? Voel je dat je diezelfde kwaliteiten hebt? Misschien heb je er geen contact mee of heb je ze niet ontwikkeld in de zelfde mate als die persoon, maar ze zijn er wel. Doe nu alsof een deel van jou heel veel op die persoon lijkt, en denk na over hoe je dat deel in je leven meer kunt activeren en uitdrukken. Bedenk hoe deze persoon in een bepaalde situatie zou handelen, en laat zijn of haar energie door je heen komen. En vraag je eigen innerlijke gids je meer te laten zien over hoe je die kwaliteiten in jezelf naar buiten kunt brengen.

De kwaliteiten die ik zie
in mijn voorbeeld heb ik al in me.
Iedere dag leer ik uitdrukking te geven
aan dat deel van mezelf.

We zullen altijd relaties nodig hebben

Soms vragen mensen zich af of we nog wel relaties nodig hebben als we eenmaal geïntegreerd en heel zijn. Aangezien relaties ons blijkbaar laten zien hoe we nog niet compleet zijn, lijkt het dat als we die lessen eenmaal hebben geleerd relaties overbodig worden. Maar natuurlijk is er geen definitieve uitkomst, geen punt waarop we 'klaar' zullen zijn. Het is gewoon een doorgaand, zich steeds verdiepend proces van ontdekken.
Een deel van ons menszijn bestaat uit de behoefte aan liefde, contact, interactie en intimiteit met andere mensen. Hoe bewuster we worden, des te meer weerspiegelen onze relaties de vele facetten van onszelf. Onze relaties zullen alleen maar intenser worden naarmate we meer uitdrukking geven aan wie we zijn.

Mijn relaties
zijn een belangrijk deel van
mijn leven.

23 juni

We kunnen onze relaties helen

Voor velen van ons zijn relaties zo'n pijnlijke strijd geweest, dat we ons bijna niet voor kunnen stellen dat we een punt in ons leven kunnen bereiken waarop alle relaties op de eerste plaats ondersteunend en bevredigend zijn. Maar als we bereid zijn ons diepe emotionele werk te doen, zullen onze relaties iedere stap vooruit die we in de relatie met onszelf maken, weerspiegelen. Naarmate we meer geïntegreerd raken, worden onze relaties een onvoorstelbare weerspiegeling van onze levendigheid, liefde voor onszelf en uitdrukking van onszelf.

Mijn relaties
worden steeds beter naarmate ik
mezelf heel.

De spiegelende dans

Een bewuste relatie is een dans waarbij je jezelf voortdurend ziet weerspiegeld in de ander. Je weerspiegelt voortdurend elkaars proces. Als je je in de richting van de ene polariteit begeeft, zie je je partner de andere kant op bewegen. Je speelt samen en versterkt elkaar. Soms raak je even vast. Je daagt elkaar uit om meer uit te drukken van alles wat je bent. Het is een voortgaand, zich verdiepend, openmakend proces. Je danst met elkaar en met het leven.

Ik dans
door het leven met de mensen van wie
ik houd.

25 juni

Seks is energie

Onze seksualiteit hangt samen met de energiestroom, de levenskracht in ons. Ze kan niet los worden gezien van wat zich energetisch in de relatie afspeelt. Ze is nauw verwant met hoe we met onze emoties omgaan en hoe duidelijk we voelen. Hoe meer we onze gevoelens hebben ervaren en geuit, des te helderder zijn onze kanalen, en des te vrijer en aangenamer kan de seksuele energie stromen.

Mijn seksuele
energie stroomt vrij en
helder.

Seksualiteit vereist oprechtheid

Een van de sleutels in een seksuele relatie is oprechtheid. Hoe echt en authentiek ben je? In welke mate geef je oprecht uitdrukking aan wat je voelt? Houd je iets in? Deze vragen zijn moeilijker te beantwoorden dan we denken, omdat er zoveel niveaus van (on)oprechtheid zijn, zowel in onszelf als met anderen.
Op een bepaald niveau kunnen we er bewust voor kiezen niet over dingen te praten die we voelen of doen, omdat we denken dat de ander ze niet zal accepteren. Op een ander niveau staan we onszelf misschien niet eens toe te weten wat we echt voelen, omdat we bang zijn dat de ander het niet kan accepteren, dingen er door in de war worden gestuurd, de ander boos zal worden. Heel subtiel houden we informatie of gevoelens terug zonder dat we ons er bewust van zijn. Uiteindelijk komt het omdat we bang zijn dat de ander ons af zal wijzen of in de steek zal laten.

Ik geef op een oprechte manier uitdrukking aan mijn gevoelens.

27 juni

Onoprechtheid haalt de vitaliteit uit een relatie

Steeds als we beginnen onze waarheid op welk niveau ook terug te houden, ongeacht hoe klein of subtiel, beginnen we de levenskracht die door ons heen stroomt te blokkeren, en ontnemen we onszelf en de relatie haar vitaliteit. Afgezien van alle andere dingen neemt de seksuele energie af. Dat zie je vaak gebeuren in langdurige relaties.
Het is heel moeilijk steeds weer oprecht eerlijk tegenover onszelf en elkaar te blijven. Het zit in de aard van de mensen om te proberen de ander te behagen, hetgeen betekent dat we hem of haar niet die delen van onszelf willen laten zien die ongewenst zijn. We willen ook zekerheid, dus zijn we bang iets te onthullen dat de relatie zou kunnen bedreigen. Er is een subtiel niveau waarop we de waarheid achterhouden. In welke mate we de waarheid ook achterhouden, er sterft altijd een overeenkomstig energieniveau in de relatie af.

Hoe oprechter ik kan zijn,
des te levendiger ik me voel.

Riskeer oprechtheid

Het is mogelijk een levendige, hartstochtelijke, zichzelf vernieuwende relatie te hebben die seksueel blijft, of in ieder geval steeds zeer seksuele cycli doormaakt.
Ironisch genoeg moet je bereid zijn de relatie op het spel te zetten om de relatie levendig te houden. Je moet je angst om de relatie te verliezen onder ogen zien om authentiek, jezelf te zijn, en oprecht te leven. Je moet bereid zijn de delen van jezelf te laten zien die je wilt verbergen, omdat je voelt dat ze ongewenst zijn en de relatie zouden kunnen bedreigen. En als je *wel* bereid bent dat te doen, zou je de relatie kunnen verliezen, maar het is waarschijnlijker dat je een zeer levendige, krachtige relatie schept.

Ik
riskeer het oprecht te
zijn.

29 juni

Seksualiteit maakt cycli door

Er zijn tijden in ons leven dat we ons seksueel voelen en andere tijden waarin dat niet het geval is. Onze partner is ook in de ene periode meer op seks gericht dan in de andere. We moeten die cycli onderkennen en respecteren. Soms als we die energie niet voelen, worden we misschien bang dat ze voor altijd verdwenen is! Maar net als al het andere in de natuur, verlopen onze seksuele cycli volgens een bepaald ritme. In bepaalde perioden moeten we naar binnen keren en onszelf voeden met tijd voor onszelf. Hierdoor wordt onze energie weer aangevuld, zodat we opnieuw het verlangen ervaren met elkaar te versmelten.

Ik respecteer
mijn natuurlijke
energiecycli.

Seks bestaat op veel niveaus

Seks bestaat op alle vier niveaus – het spirituele, mentale, emotionele en fysieke. Seks op spiritueel niveau behelst de diepe verbinding die we met een ander wezen kunnen ervaren, de tantrische verbinding van versmelten met een andere ziel. Het mentale niveau van seksualiteit is de fantasie die een verbinding tot stand brengt met alle mogelijkheden die in onze geest bestaan. Het emotionele niveau van seksualiteit brengt de bevrediging van liefde en intimiteit. Het fysieke niveau van seksualiteit biedt ons lichaam de mogelijkheid los te laten en vervulling te ervaren. Al die niveaus kunnen op zich bevredigend zijn, maar om ons compleet te voelen moeten we ze allemaal ervaren.

Ik open
alle niveaus van mijn
seksualiteit.

Zomer

De drugscrisis

De drugsepidemie in onze maatschappij heeft betrekking op de culturele verstoring in evenwicht van onze mannelijke en vrouwelijke polariteit. Onze sterke nadruk op de mannelijke energie, de noodzaak tot produceren en onszelf opjagen, heeft onze vrouwelijke energieën onderdrukt – de verbinding met het creatieve, intuïtieve en spirituele in ons. Sommige drugs versterken die neiging – geven ons een gevoel van kracht en controle. Andere drugs voeren ons uit de lineaire linkerhersenhelft naar de visionaire, spirituele, intuïtieve, creatieve energie van de rechterhersenhelft. Natuurlijk doen ze dat op een zeer verwrongen en vernietigende manier.
Als we de drugscrisis willen helen, moeten we gezonde, creatieve manieren vinden om mensen te steunen bij het zoeken naar en in evenwicht brengen van beide polariteiten.

Ik zoek gezonde manieren
om aan zowel mijn mannelijke als mijn
vrouwelijke energie uitdrukking te geven.

2 juli

We hebben allemaal onze verslavingen

We leven in een verslavende maatschappij en bijna allemaal hebben we de neiging tot een of andere vorm van verslavend gedrag. We kunnen verslaafd zijn aan eten of drugs (inclusief sigaretten, koffie en suiker), we kunnen verslavend gedrag vertonen in geld of relaties, of we kunnen aan ons werk verslaafd zijn. Zelfs meditatie is voor veel mensen een verslaving. Alle gedrag dat we dwangmatig gebruiken om aan onze gevoelens te ontsnappen, of ter vervanging van de bevrediging van onze ware emotionele behoeften, kan een verslaving worden. Onze cultuur heeft ons geen effectieve manieren geleerd om aan onze behoeften te voldoen en een evenwichtig leven te leiden, dus moeten we dit voor onszelf ontdekken.

Ik leer
op een natuurlijke, evenwichtige manier
aan mijn behoeften te voldoen.

Drugs onderdrukken onze primaire ikken

Alcohol en bepaalde andere drugs onderdrukken de primaire ikken. Ze onderdrukken tijdelijk de criticus in ons. Ze slaan de strever, de beschermer/controleur bewusteloos, en de meer emotionele ikken, de meer spontane, expressieve, seksuele, sensuele energie, die anders niet de kans krijgen, komen tevoorschijn.

Als de drug is uitgewerkt, de alcohol is uitgewerkt, komen de belangrijkste ikken natuurlijk zwaarder dan ooit terug, vooral de criticus in ons. Hierdoor komen we in een kringetje terecht. Want als je de volgende ochtend wakker wordt en de criticus overmant je, wil je hem opnieuw zo snel mogelijk weer buiten westen hebben. Als je deze negatieve cyclus doorbreekt, kun je je bewust worden van het innerlijke proces, en op die manier proberen jezelf in evenwicht te brengen.

Ik leer gezonde manieren om mijn verdrongen ikken tot uitdrukking te laten komen.

4 juli

Tiran en rebel

Veel mensen met verslavingsproblemen hebben zich sterk geïdentificeerd met het rebelse aspect van hun persoonlijkheid. Ze zitten gevangen in het innerlijke conflict tussen de tiran en de rebel. De tiran in ons heeft veel regels over wat we wel en niet moeten doen, en het is de taak van de rebel precies het tegenovergestelde te doen van wat de regel is. Als we door de rebel in ons worden overheerst, zijn we niet echt vrij – het is een onbewuste, voorspelbare reactie die heel vernietigend kan zijn. Vrijheid wordt verkregen via bewustzijn – de tiran *en* de rebel in je gewaar worden, en je niet langer door een van beiden laten overheersen. Ironisch genoeg proberen beiden op hun eigen manier voor je te zorgen, maar het werkt niet. Het wordt tijd dat we ons door geen van beiden meer laten overheersen.

Heb ik aspecten van
een tiran en een rebel in mijn
persoonlijkheid?

Verslaving is gelijk aan behoefte aan liefde

Het kind in ons heeft bepaalde elementaire behoeften – aan liefde, emotioneel en fysiek contact, respect, en uitdrukking van het zelf. Onze verslavingspatronen zijn in feite onbewuste pogingen om voor ons kind te zorgen. Door te veel te eten, alcohol te drinken, te roken of drugs te gebruiken, proberen we het kind te koesteren, de pijn te verdoven. Door te hard te werken of voor anderen te zorgen, proberen we waardering en een gevoel van veiligheid aan anderen te ontlenen.
Natuurlijk werkt dat niet zo goed, omdat we daarmee niet zorgen voor de ware behoeften van het kind, en het is verschrikkelijk vernietigend voor ons lichaam en onze psyche. Wat wel werkt, is het verslavende gedrag te doorbreken, zodat we in contact kunnen komen met wat het kind echt nodig heeft, en vervolgens stappen te ondernemen om daar voor te gaan zorgen.

Gebruik ik
een of andere vorm van verslaving om
het kind in mij te koesteren?

6 juli

Stel je open voor steun

Een van de belangrijkste stappen bij een vorm van verslaving is je open te stellen voor hulp en steun van anderen die het echt begrijpen. Veel mensen hebben bij het omgaan met hun verslavingen effectieve steun gevonden via Anonieme Alcoholisten, Al-Anon en andere twaalf-stappenprogramma's. Die programma's voorzien in groepssteun, acceptatie en koestering, die veel mensen vroeger thuis niet hebben ontvangen en op geen enkele andere manier in hun leven ondervinden. Ze moedigen ook een sfeer van onvoorwaardelijk accepteren aan, de tegenpool van de innerlijke criticus.

Aangezien de meeste mensen met verslavingsproblemen een sterke criticus in zich hebben, beginnen ze als ze bijeenkomsten bezoeken de effecten van die innerlijke zelfkritiek ongedaan te maken, en leren ze zichzelf meer onvoorwaardelijk lief te hebben.

Ik zoek
de liefde en steun die ik in mijn leven
nodig heb.

We hebben een spirituele verbinding nodig

Een van de redenen waarom de twaalf-stappenprogramma's zo effectief zijn, is omdat ze mensen helpen een directe spirituele verbinding te vinden, zodat ze geen drugs hoeven te gebruiken om dat gevoel of effect te krijgen. De programma's bieden mensen de gelegenheid in contact te komen met hun eigen ervaring van de hogere kracht in zich, een van de belangrijkste redenen waarom mensen drugs gebruiken.

Als we eenmaal emotionele steun van anderen krijgen en contact beginnen te maken met onze spirituele essentie, is aan de basisvoorwaarden voldaan om onze psyche te helen.

Ik heb
contact met mijn
hogere kracht.

8 juli

Hoe is jouw relatie
tot eten?

Eten is een van de belangrijkste middelen in dit leven die we gebruiken ter vervanging van liefde, macht en bescherming. Het heeft een heleboel functies. Als het kind in je niet wordt gekoesterd en bemind, kun je het onbewust liefde proberen te geven via bepaalde voedingsmiddelen. Maar wat het eigenlijk nodig heeft is liefde, emotioneel contact en/of toestemming van jezelf je emoties te voelen en te uiten.

Ik geef
het kind in mij ware liefde,
geen surrogaat.

Suiker is een surrogaat voor liefde

Veel mensen gebruiken suiker als surrogaat voor liefde. Het geeft je dezelfde roes als wanneer je je bemind voelt. Met name chocola heeft een bijzonder sterk effect. Suiker is een drug voor het kind in ons, die het kind dat tijdelijke gevoel van gelukzaligheid geeft. Zo nu en dan is het prima, maar het is geen vervanging voor de liefde die het kind nodig heeft. Wat zijn andere gezondere manieren om je kind ergens op te tracteren waardoor het zich gelukkig en bemind voelt?

Ik zoek
gezonde manieren om het kind in mij
te 'tracteren'.

10 juli

Cafeïne is een drug

Cafeïne is een drug die de nadruk op de mannelijke waarden van produktiviteit en rationaliteit versterkt. De meeste mensen drinken 's morgens een kop koffie om 'op gang te komen'. Ze starten letterlijk hun lichaam op zodat ze aan het werk kunnen om te produceren. Maar als je je lichaam kunstmatig stimuleert, dwing je jezelf uit je natuurlijke ritme. Je raakt het contact met je lichaam kwijt, en op die manier het contact met je emoties.
Om cafeïne los te laten, moet je bereid zijn het natuurlijk tempo en het natuurlijk ritme van je lichaam te zoeken en erop te vertrouwen.

Ik
leer te vertrouwen op de ritmen
van mijn lichaam zelf.

Eten kan een vervanging zijn voor mannelijke energie

Eten en gewicht hebben te maken met verstoring en onevenwichtigheid in onze mannelijke en vrouwelijke energie. Als je vrouwelijke energie is ontwikkeld, maar je mannelijke energie minder, voel je je enigszins onveilig in de wereld en niet gegrond. Eten wordt een vervanging voor mannelijke energie – een manier om het kwetsbare kind te beschermen en jezelf te gronden door overmatige nadruk op het fysieke lichaam. Of je ervaart een gevoel van kracht en controle in je leven door jezelf voedsel te ontzeggen. Een manier om die problemen te helen is door een constructieve, innerlijke, mannelijke energie te ontwikkelen om je te ondersteunen en te gronden.

Ik sta mijn
mannelijke energie toe mij in de wereld
te steunen.

Leer grenzen aan te geven

Problemen met eten en gewicht hebben te maken met grenzen. Als je niet weet hoe je duidelijke grenzen aan moet geven door nee tegen mensen te kunnen zeggen, of hoe je jezelf kunt beschermen en mensen uit je ruimte kunt houden als je dat nodig hebt en wilt, kun je letterlijk fysiek een bescherming opbouwen door je lichaam zwaarder te maken. Het extra gewicht geeft een gevoel van stevigheid, kracht en gronding, en de extra 'vulling' voorkomt daadwerkelijk dat je zoveel energieën om je heen opneemt. Het is een poging van het lichaam het kwetsbare kind dat heel gevoelig is en alle gevoelens, emoties en energieën van anderen oppikt, te beschermen.
Als je het gevoel hebt dat je jezelf niet kunt beschermen, eet je zowel om het kind te voeden als om een beschermlaag eromheen te scheppen, zodat je je veiliger kunt voelen en in de wereld kunt functioneren.

Ik bescherm
het kwetsbare kind in me door duidelijk
grenzen aan te geven.

Eten kan je moeder niet vervangen

Problemen met eten draaien op de een of andere manier vaak om de moeder, of de koesterende, moederlijke energie. We moeten leren onszelf te koesteren en bemoederen in plaats van nog steeds uit te spelen wat we wel of niet van onze eigen moeder hebben ontvangen. Je kunt een goede moeder voor het kind in je worden door het te koesteren met liefde, begrip en steun. En je kunt de goede vader zijn voor het kind in je door het kind bescherming en structuur te bieden. Of je een man of een vrouw bent, je moet de energie van de goede moeder en de goede vader in jezelf ten opzichte van je eigen kind ontwikkelen.

Ik ben
een goede vader en moeder
voor het kind in mij.

14 juli

Breng voeding en plezier met elkaar in evenwicht

We zijn geneigd onszelf heel veel regels en beperkingen op te leggen over wat we zouden moeten eten en wat niet. We proberen verschillende diëten en verschillende ideeën over wat goed voor ons is te volgen; vervolgens komen we er tegen in opstand. Als je een goede ouder bent voor het kind in je betekent het dat je jezelf voedt met dingen die zowel voedzaam als smakelijk zijn. Probeer in je voeding een evenwicht te vinden tussen gezond en smakelijk, en zoek naar dingen waar het kind in je van geniet.

Ik eet
heerlijke, voedzame
dingen.

Probeer er achter te komen wat je lichaam graag eet

Je lichaam geeft van nature aan wat je wilt eten, als je het eten niet gebruikt ter vervanging van iets anders. Dan kun je daadwerkelijk beginnen te luisteren naar je lichaam en er achter komen wat je lichaam fijn vindt en wat niet. Het lichaam is heel duidelijk. Als je meestal eet wat je lichaam wil in plaats van wat jij vindt dat het zou moeten eten, zal je lichaam reageren door zich gezond, gelukkig en levendig te voelen. Je zult bemerken dat het die dingen wil die echt goed zijn voor het lichaam.

Vandaag neem ik
de tijd om te ontdekken
hoe mijn lichaam reageert op wat
ik eet.

16 juli

De praktijk van bewust eten

De praktijk van bewust eten houdt drie stappen van bewustzijn in. Kijk om te beginnen naar de emotionele punten: waarom eet je, wat eet je en wat probeer je ermee te bereiken? Probeer op een dieper niveau te ontdekken wat het kind in je nodig heeft, en leer het kind op een effectievere manier dan met voedsel te koesteren en beschermen. In de tweede plaats ga je leren communiceren met je lichaam om er achter te komen wat je lichaam echt nodig heeft, wanneer het dat nodig heeft en waar het van geniet. En weet dat dat van tijd tot tijd verandert in overeenstemming met waar je woont, hoe het weer is, hoe je energie is, wat je doet en wat voor levensstijl je hebt. De derde stap is hoe je daadwerkelijk eet: waar eet je, hoe maak je je eten klaar, hoeveel tijd geef je jezelf om te eten?

Ik word me
bewust van mijn
eetgewoonten.

Neem de tijd om te eten

Hoeveel tijd geef je jezelf om je maaltijden te nuttigen? Ga je erbij zitten? Sta je jezelf toe het moment te ervaren, te genieten van iedere hap? Of eet je snel een boterham aan je bureau terwijl je zit te werken?
We moeten iedere dag de tijd nemen onszelf te koesteren, te voeden, te beminnen en voor het kind in ons te zorgen.

Vandaag
geef ik mezelf voldoende tijd
om te eten.

18 juli

Schep ruimte voor jezelf als je eet

Waar eet je, op welke plaats? Schep je een aantrekkelijke omgeving voor jezelf? Geef je jezelf genoeg ruimte? Ga je erbij zitten?
We moeten onszelf de ruimte geven te genieten van ons eten en het te verteren, zodat het ons kan voeden. We dienen zoveel van onszelf te houden dat we de maaltijd en de ruimte mooi maken.

Vandaag schep ik
een aangename ruimte voor mezelf
als ik eet.

Maak je eten met liefde klaar

Ongeacht wat je vandaag eet, het is belangrijk dat het met liefde wordt klaargemaakt. Flans niet zomaar wat in elkaar. Je verdient beter dan dat. Denk aan het eten als je het klaarmaakt, en waardeer het om hoe het eruit ziet, hoe het ruikt en hoe je verwacht dat het zal smaken. Schep het voornemen jezelf liefdevol te voeden met dit eten. Besteed een of twee minuten extra tijd om het aantrekkelijk te rangschikken op een mooi bord en dek de tafel voor jezelf, ook als je alleen eet.

Vandaag
maak ik mijn eten met liefde
klaar.

20 juli

Voed jezelf op veel niveaus

Eten is een compacte vorm van energie, en het voedt ons energetisch op dezelfde manier als het ons fysiek voedt. Maar we hebben andere niveaus behalve ons fysieke lichaam dat wordt gevoed als we eten. Het emotioneel niveau kan ook worden gevoed als we eten, door te denken aan het voeden van het kind in ons met dit eten, en onszelf emotioneel te voeden met dingen die er goed uitzien, goed ruiken en goed smaken.

Laat het eten een aangename ervaring zijn waarin je van jezelf houdt. Je voedt jezelf ook op een spiritueel of etherisch niveau. Denk aan waar dit eten op aarde vandaan komt en hoe de aarde je voedt. Je kunt je op al deze niveaus voeden als je je er tijdens het eten op afstemt.

Ik voed
mezelf op veel
niveaus.

Opwinding

Opwinding in haar natuurlijke vorm ervaren we als we de levenskracht door ons heen voelen stromen. Het is een toestand van intensieve afstemming waarbij heel veel levensenergie door ons lichaam stroomt. Maar wat velen van ons in ons leven als opwinding ervaren, is in feite een vorm van adrenalineverslaving. We raken verslaafd aan een heleboel dramatiek of intense strijd in ons leven, die ons een verdovende roes geeft van de adrenaline in ons stelsel.

Het verschil tussen een verslavend soort opwinding en natuurlijke opwinding is dat eerstgenoemde op de lange duur in feite niet vervullend en bevredigend is. We lopen erop leeg en raken erdoor uitgeput. Ware opwinding maakt ons levendiger, omdat ze voortkomt uit het volgen van onze natuurlijke energiestroom.

Ik voel
de natuurlijke opwinding van
het feit dat ik leef.

22 juli

Het verband tussen opwinding en angst

Opwinding en angst zijn nauw verwant. Vaak ervaren we opwinding als angst voordat we onszelf toestaan ons open te stellen voor de opwinding. Een klassiek voorbeeld hiervan is plankenkoorts. De hoeveelheid levenskracht die op het punt staat tijdens de voorstelling door ons heen te stromen, is heel stimulerend en krachtig. Het lijkt bijna alsof het lichaam bang is voor de hoeveelheid energie die er doorheen zal stromen, dus voelen we eerst hoe we ons er tegen verzetten, hetgeen we als angst ervaren. Maar wat er eigenlijk aan ten grondslag ligt, is levendigheid en opwinding.

Soms
als ik bang ben,
kan ik me ook opgewonden
voelen.

De mannelijke en vrouwelijke kant van seksualiteit

Om seksualiteit volledig te ervaren, moeten we toegang hebben tot zowel de mannelijke als de vrouwelijke kant ervan. Van oudsher onderkennen mannen de mannelijke kant van hun seksualiteit, maar ontkennen de vrouwelijke kant.

Natuurlijk zijn deze generalisaties vaak omgekeerd. Sommige mannen hebben hun gevoeligheid en sensualiteit ontwikkeld, maar voelen zich onbehaaglijk bij het agressieve aspect van hun seksualiteit. Sommige vrouwen genieten van hun lichamelijke seksualiteit, maar zijn bang voor emotionele kwetsbaarheid. Zoals met alles missen we de helft van het leven als we vastzitten in het uiten van slechts een polariteit. Als we beide polariteiten van onze seksualiteit ontwikkelen, kunnen we ervan genieten vrij heen en weer te bewegen om al onze energieën te ervaren.

Ik geniet ervan
de mannelijke en vrouwelijke kant van
mijn seksualiteit uit te drukken.

24 juli

Polariteiten scheppen seksualiteit

Het wezen van seksualiteit is het magnetisme tussen twee tegengestelde energieën van het universum. De grootste lading, levendigheid en energie die bestaat is de polariteit tussen de mannelijke en de vrouwelijke energie. Ongeacht of een relatie heteroseksueel of homoseksueel is, we voelen ons aangetrokken tot kwaliteiten in de ander die tegengesteld zijn aan onze eigen belangrijkste kenmerken. Terwijl we de weerspiegeling van onze partner gebruiken om ons te helpen die tegengestelde kwaliteiten in onszelf te accepteren, ontwikkelen we het totale scala van onze eigen uitdrukking.

Tot welke energieën
voel ik me het sterkst
aangetrokken?

Ontdek het dier in jezelf

Als beschaafde menselijke wezens hebben we allemaal een deel van onszelf afgewezen – het dier in ons. Het is het deel van ons dat fysiek en instinctief is, dat weet hoe het moet overleven en gedijen in de fysieke wereld. Het omvat ons fysieke lichaam, onze instincten, onze seksualiteit en de natuurlijke agressie die het ons mogelijk maakt onszelf te beschermen en voor onszelf te zorgen.

We zijn heel bang voor deze aspecten in onszelf en wantrouwen ze zeer, omdat ze tegengesteld zijn aan onze mentale en spirituele energie. Maar het is een deel van onszelf waar we niet buiten kunnen. Door het dier in ons af te wijzen, zijn we het contact kwijtgeraakt met veel van onze kracht en ons vermogen het goed te doen in de fysieke wereld. We moeten opnieuw contact maken met het dier in ons en uit die krachtige energieën putten.

Ik leer
het dierlijke aspect van mezelf
onderkennen.

26 juli

We hebben onze natuurlijke seksualiteit afgewezen

Omdat we ons oorspronkelijk, dierlijk ik hebben afgewezen, zijn de meesten van ons de natuurlijke band met onze fysieke seksualiteit kwijtgeraakt. Veel mensen voelen in feite veel schaamte en innerlijk conflict over hun seksuele gevoelens en hun lichaam. Ironisch genoeg raken we vaak, als we iets ontkennen of afwijzen, geobsedeerd door precies datgene waar we met zoveel moeite niet aan willen denken! Dus onze cultuur is heel geobsedeerd geraakt door fysieke seksualiteit – zoals we in onze films, tijdschriften, muziek en vele andere aspecten van de volkscultuur zien. Dat komt omdat onze fysieke seksualiteit een belangrijk aspect is van ons wezen waar we heel graag opnieuw contact mee willen maken. Als we die energie kunnen accepteren en insluiten, kan ze een natuurlijk, geïntegreerd deel van ons leven worden.

Mijn seksualiteit
is een natuurlijk deel van
mijn leven.

Accepteer je eigen agressie

Als je iets in jezelf niet accepteert, is een van de dingen die je doet het op anderen te projecteren. Vervolgens wordt het je schaduw en verwijt je het anderen. Maar door het af te wijzen en te projecteren, geef je het macht.
Veel mensen identificeren zich tegenwoordig sterk met vrede, liefde en spiritualiteit. Ze wijzen hun agressie af en projecteren die op andere mensen daar buiten die oorlog voeren. Vervolgens mediteren en bidden ze voor vrede. Ze beseffen niet dat door hun agressie af te wijzen ze een gigantische schaduwkant scheppen die feitelijk kracht verleent aan oorlog! Om *echt* vrede in de wereld te scheppen, moeten we vrede sluiten met onze natuurlijke agressie en leren die goed te gebruiken.

Ik leer
mijn agressieve energie herkennen en
accepteren.

28 juli

De strijder

Als je je eigen agressie wilt erkennen, moet je onderkennen en respecteren dat een deel van jezelf de strijder is. De strijder is een heel belangrijk deel van zowel mannen als vrouwen. De strijder is dat deel van ons dat krachtig, agressief en beschermend is. Het is het deel dat grenzen aan zal geven en tot handelen overgaat als die grenzen worden uitgedaagd. Zijn functie is onze veiligheid en ons welzijn te bewaken, en waarheid en recht te dienen.

Ik respecteer
de strijder
in mij.

De strijder beschermt ons

Als je geen toegang hebt tot de strijder in je, die in feite het deel van jou is dat kan beschermen en voor je fysiek en energetisch welzijn in de wereld kan zorgen, ben je een slachtoffer dat kan worden gekwetst of misbruikt.
Als je de strijder in je afwijst, ben je niet beschermd. Het is alsof er een gat in je energieveld zit waardoor je geweld en verkeerde energie aantrekt. Het is dus van levensbelang contact te maken met en toegang te krijgen tot de energie van de strijder ten behoeve van je eigen bescherming.
De oosterse martiale kunsten ontwikkelen de toegang tot de energie van de strijder in je in zo'n sterke mate dat je haar nooit hoeft te gebruiken. Je energieveld bevat die krachtige energie, en dat alleen al beschermt je.

De strijder in mij
is een krachtige energie
die me altijd bewaakt en
beschermt.

30 juli

Leid de strijder in je in banen

In onze cultuur is de oude rol van de strijder stervende. Voor velen van ons is het niet langer goed er op uit te gaan en fysiek anderen te bestrijden en om te brengen. Toch is het een wezenlijk archetype. Het is belangrijk dat we een goede manier vinden om die energie tot uitdrukking te laten komen. Anders zal ze een negatieve uitlaatklep vinden of zich naar binnen richten.

Alle mannen en vrouwen moeten contact maken met de strijder in zich en een manier vinden om hem in banen te leiden. Onze strijder is de energie die beschermt zodat we ongedeerd door potentieel gevaar kunnen lopen. Het is het deel dat ons kan helpen te staan voor wat we nodig hebben, willen, of waar we in geloven. We moeten strijders worden voor de waarheid, die de weg volgen van de confrontatie met het leven, dwars door afwijzing heen, en in waarheid en integriteit leven.

Ik ben
een strijder voor waarheid en
leven.

Hoe je oorlog kunt voorkomen

Er zijn twee dingen die tot oorlog leiden. Een ervan is je onbewust met de strijder te identificeren, zodat je denkt dat agressie de enige manier is om met zaken om te gaan. Die manier leidt openlijk tot oorlog. De tweede, die de eerste manier ondersteunt, is agressie af te wijzen, haar op anderen te projecteren en uiteindelijk oorlog te scheppen, omdat je haar in jezelf hebt afgewezen.
De enige manier waarop je waarlijk vrede in de wereld kunt scheppen, is door je niet te identificeren met een van die kanten, en zowel de vreedzame persoon als de strijder in jezelf echt te accepteren en onderkennen.

Ik respecter
de vreedzame persoon en de strijder
in mij.

Het kind in ons is de bron van creativiteit

Het is belangrijk contact te maken met het kind in ons, omdat het kind de sleutel is tot onze creativiteit. Op heel jonge leeftijd zijn kinderen eindeloos creatief omdat ze nog niet geremd zijn. Ze spelen gemakkelijk met hun fantasie. Ze vinden het heerlijk om te tekenen en te schilderen. Ze zingen liedjes. Ze dansen. Het zijn wonderlijke, creatieve wezens.
Allemaal zijn we zo. We hadden allemaal als kind die wonderlijke, creatieve essentie in ons. Als volwassene hebben we die onderdrukt. Terwijl we in contact komen met het kind in ons, laten we onze creativiteit vrij.

Het
creatieve kind in mij komt te voorschijn
om te spelen.

De sleutel tot creativiteit is de bereidheid risico's te nemen

De sleutel tot creativiteit is de bereidheid iets te proberen, iets te riskeren en te kijken wat er gebeurt. Het creatieve kind in ons is dat deel van ons dat niet bang is nieuwe dingen uit te proberen. Als kinderen iets tekenen, zitten ze er niet over in of wat ze tekenen er precies zo uitziet als de een of andere criticus denkt dat het er uit zou moeten zien. Ze doen het voor hun plezier. Zo kan onze creatieve energie worden gevoed door het wezenlijke van dat kind in ons te voelen en bereid te zijn dingen te proberen die leuk, fijn, opwindend, nieuw en anders zijn. Terwijl we in contact komen met het kind in ons, openen we hele nieuwe gebieden van creativiteit in onszelf, hetgeen oneindig leuk en de moeite waard is.

Terwijl ik bereid ben
nieuwe dingen te riskeren,
ontdek ik de bron van mijn
creativiteit.

3 augustus

We zijn allemaal creatieve wezens

Veel mensen denken dat ze niet creatief zijn. Dat komt omdat we al vroeg zijn geconditioneerd om zo te denken. Ergens heeft iemand ooit tegen ons gezegd dat we niet creatief waren, en daar geloofden we in. Of misschien kregen we zoveel kritiek of afkeuring dat we bang waren het nog eens te proberen. Op de een of andere manier hebben we niet genoeg aanmoediging en steun ontvangen om onze natuurlijke creativiteit uit te drukken, dus zijn we tot de conclusie gekomen dat we niet creatief waren. Maar als we door onze beperkende ideeën, blokkades en angsten heen breken, zijn we allemaal creatieve wezens.

Ik
ben een creatief
wezen.

Er zijn veel manieren waarop je creatief kunt zijn

Veel mensen zijn geneigd creativiteit gelijk te stellen aan slechts bepaalde vormen van uitdrukking. We weten allemaal dat bijvoorbeeld kunst, dans of muziek creatief zijn, maar we denken niet gelijk dat een zaak, een huishouding leiden of ouderschap eveneens creatief zijn. En toch zijn dat allemaal bijzonder creatieve activiteiten. Kinderen opvoeden kan zelfs een enorm creatieve bijdrage aan de wereld zijn.
Begin, teneinde te beoordelen hoe creatief je bent, te denken aan de dingen die je graag doet, die je natuurlijk en gemakkelijk afgaan. Kun je de creatieve aspecten van die dingen zien? Kun je beoordelen hoe ze een belangrijk aspect van je wezen tot uitdrukking brengen?

Ik erken
de creativiteit in alle dingen
die ik doe.

5 augustus

Om creatief te zijn, moet je risico's nemen

Om creatief te kunnen zijn, is het van wezenlijk belang bepaalde risico's te nemen. Het helpt om het eerst met kleine dingen te proberen. Doe slechts één ding nieuw en anders. Fantaseer over iets creatiefs dat je zou willen doen. Kijk of er een kleine stap is die je in de richting van die fantasie kunt nemen.
Veel mensen hebben het idee dat ze te oud zijn om iets nieuws te proberen; dat als ze er niet als kind aan zijn begonnen het nu te laat is. Het is nooit te laat. Bedenk dat je nooit iemand anders hoeft te laten zien wat je doet. Je doet het voor jezelf, om jezelf vrijheid en vreugde te verschaffen.

Vandaag
riskeer ik één nieuw,
creatief iets.

Ons lichaam is een vorm van creatieve uitdrukking

We weten dat we allemaal in essentie een creatief wezen zijn, een spiritueel wezen dat in een fysieke vorm komt. Die fysieke vorm is onze eerste scheppingsdaad. Naarmate we innerlijk veranderen, verandert ons lichaam als uitdrukking van onze ziel ook. Hoe beter je je creatieve geest leert kennen, erkennen en uitdrukken, des te meer wordt je ziel in je belangrijkste creatieve project – je lichaam – zichtbaar.
Kijk naar de manieren waar waarop je jezelf blokkeert in het uitdrukking geven aan je ziel, en zie hoe dat in je lichaam wordt weerspiegeld. Terwijl je deze dingen, die je creatieve uitdrukking in de weg staan, verwijdert, zal je lichaam die transformatie weerspiegelen.

Mijn lichaam
is een uitdrukking van mijn creatieve geest.

De criticus in ons kan creativiteit blokkeren

Bij volwassenen is de belangrijkste blokkade voor creativiteit de criticus, dat deel van ons dat innerlijk bekritiseert wat we doen. De criticus in ons heeft de normen van de wereld om ons heen over wat volmaakt is, overgenomen; manieren waarop hij denkt dat dingen *zouden moeten* worden gedaan. Het is de taak van de criticus om ons te bekritiseren als we de dingen niet doen zoals hij voelt dat ze zouden moeten worden gedaan. Voor de meesten van ons weerhoudt deze innerlijke criticus ons van de risico's die we moeten nemen om creatief te zijn.
Degenen onder ons die de creativiteit in hun leven vrij laten stromen, zijn er op de een of andere manier in geslaagd de criticus lang genoeg aan de kant te schuiven om de energie spontaan door te laten komen.

Ik laat
mijn creatieve energie in mijn leven
stromen.

De perfectionist kan creativiteit belemmeren

Als je een zware perfectionist in je hebt, is het moeilijk om te scheppen, omdat niets in de verste verte goed genoeg zal zijn. Je dient een tegengestelde stem te ontwikkelen – een die je aanmoedigt dingen te proberen zonder al te veel over de resultaten in te zitten. Het kan van nut zijn een 'creatieve ondersteuning' te hebben – een of meerdere mensen in je leven die je aanmoedigen om je creatieve ideeën uit te proberen, zonder ze te veroordelen. Zoals Maxwell Perkins[2] zei: 'Zet het gewoon op papier en dan zien we wel wat we er mee doen.'

Mijn creatieve
uitdrukkingen hoeven niet
volmaakt te zijn.

2. Maxwell Perkins – Amerikaans uitgever, leefde van 1889-1946.

Zoek een nieuwe richting

Veel mensen zijn creatief op een bepaald gebied van hun leven, maar niet op andere gebieden. Als je een gebied hebt waarin je creatief bent, heb je het voordeel dat je weet hoe het voelt om dat creatieve kanaal te laten stromen. Denk er over na wat je doet in dat aspect van je leven. Als je muziek speelt of je bent creatief in zaken, wat maakt dan dat je creatief kunt zijn? Hoe zet je de criticus in je aan de kant? Hoe vertrouw je jezelf en geef je uitdrukking aan jezelf?

Denk erover na hoe je dezelfde methode die je op je creatieve gebied gebruikt in andere gebieden van je leven toe kunt passen. Hoe je haar toe kunt passen op iets nieuws of anders, zodat je je creativiteit in een nieuwe richting laat stromen.

Ik geef uitdrukking
aan mijn creativiteit op nieuwe gebieden
in mijn leven.

Creativiteit vereist experimenteren

Het fundamentele principe van creativiteit is dat je uitdrukking geeft aan *iets*. Je moet de uitdrukkingen laten stromen. Je moet bereid zijn de dingen tot uitdrukking te laten komen die niet volmaakt of prachtig zijn. Creatieve mensen zijn bereid fouten te maken. Bijna alle succesvolle mensen zeggen dat ze meer mislukkingen achter de rug hebben dan successen. Ze hebben veel dingen geprobeerd die niet altijd voor hen hebben gewerkt. Sommigen hebben grote teleurstellingen gekend, maar ze zijn doorgegaan met risico's te nemen en het opnieuw te proberen.

Ik ben bereid
fouten te maken en er van
te leren

11 augustus

Word lichter!

Creativiteit vereist spel. Het vereist plezier. Het vereist een gevoel van avontuur. Leer wat gemakkelijker naar de dingen te kijken en ze niet zo serieus te nemen. Als we onszelf te serieus nemen, kunnen we niet over dat avontuurlijke beschikken waardoor we nieuwe gebieden kunnen ontdekken.

Ik benader
deze dag met een gevoel
van avontuur.

Creatief opruimingsproces

Hier volgt een suggestie om enkele blokkades op te ruimen en je creatieve energie op gang te brengen. Pak een paar grote vellen papier en pennen in verschillende mooie kleuren. Zoek een rustig plekje op. Stem je af op de gevoelens in je die zeggen dat je niet creatief bent. Neem een gekleurde pen en schrijf alle gedachten en gevoelens van twijfel en zelfkritiek op. Stem je vervolgens af op de creatieve stem in je. Neem een pen in een andere kleur en een ander vel papier en schrijf alle gevoelens, ideeën en fantasieën van je creatieve stem op. Op een derde vel papier teken je met alle kleuren die je wilt jezelf (figuratief of abstract) waarin je uitdrukking geeft aan je creativiteit in de wereld. Zit er niet over in of de tekening artistiek is. Laat gewoon het creatieve kind in je naar boven komen en spelen.

Het
creatieve kind in mij heeft
plezier.

13 augustus

Creativiteit schept vreugde en spontaniteit

Het doel van het ontwikkelen van onze creativiteit is ons eigen plezier. We doen het om het gevoel te ervaren dat we een kanaal zijn waardoor de creatieve kracht door ons heen kan komen. Als we ons bij alles wat we doen daarop blijven richten, halen we de noodzaak weg dingen volmaakt te doen, of een nauwkeurig resultaat te produceren. We zullen hetzelfde soort plezier uit het leven gaan krijgen dat kinderen hebben als ze zich spontaan op hun energie mee laten voeren en doen wat hun gevoel hen ingeeft.

Ik laat
de creatieve energie door me heen
stromen.

14 augustus

Fantaseer

We hebben allemaal fantasieën over wat we zouden doen als we maar konden. Geef jezelf de kans je fantasie de vrije loop te laten. Geniet ervan! Vraag jezelf af: welke dingen doe ik graag? Wat gaat me gemakkelijk af? Wat is leuk? Wat doe ik zo vanzelf dat ik er niet eens bij nadenk? Hoe zou ik dat uit kunnen breiden? Zou ik misschien kunnen leven van de dingen die ik het liefst doe en die ik het leukst vindt? Probeer jezelf niet te beperken. Wees open voor alle soorten mogelijkheden die je jezelf nooit eerder in je fantasie hebt toegestaan. Onderzoek vandaag je fantasieën en breng ze tot uitdrukking door erover te mijmeren, ze op te schrijven, te tekenen of er met iemand over te praten.

Ik
geniet van mijn creatieve
fantasieën.

15 augustus

Probeer eens iets anders

Zoek naar kleine mogelijkheden om jezelf creatiever en anders uit te drukken. Stel je doel niet te hoog, waardoor je ontmoedigd kunt raken. Begin met kleine dingen. Sta jezelf een stap toe die leuk is en betrekkelijk gemakkelijk en fijn. Waardeer jezelf er vervolgens om. Als je kleine stapjes blijft maken, zul je uiteindelijk precies uitkomen waar je moet zijn. Beleef er plezier aan.
In feite komt het hier op neer: je kunt de dingen blijven doen op dezelfde manier waarop je ze altijd hebt gedaan. Dat is veilig en zeker, maar ook een beetje saai. Of je probeert iets dat nieuw en anders is. De reden waarom we geen nieuwe dingen proberen, is omdat de beschermer in ons bang is dat ze niet veilig zijn voor ons. Maar als we die delen van onszelf geruststellen en niet te veel nieuwe dingen tegelijkertijd proberen, kunnen we meer opwinding en plezier in ons leven scheppen.

Vandaag
probeer ik iets
anders.

Creativiteit is gelijk aan mannelijk plus vrouwelijk

Creativiteit is een mengeling van mannelijke en vrouwelijke energieën. Het is het ontvangen van die creatieve kracht (vrouwelijk), en de uitdrukking ervan (mannelijk). Meestal beschouwen we het meer vrouwelijke, spontane, minder gestructureerde, 'artistieke' type als creatief. Maar in feite is creativiteit het vermogen creatieve geest in de fysieke wereld te manifesteren. Het is in feite de integratie van die twee principes. Als je het vermogen tot creativiteit hebt en het niet manifesteert, ben je niet creatief. En als je produceert zonder contact met de bron, ben je evenmin creatief. Ware creativiteit vereist zowel vrijstromende inspiratie als gerichte discipline.

Ik manifesteer
mijn creativiteit door inspiratie
en discipline.

17 augustus

Verbind je met je vrouwelijke energie

Zoek ergens binnen of buiten een rustige plek waar je genoeg bewegingsruimte hebt en niemand je stoort. Ga in een gemakkelijke houding staan, met de knieën licht gebogen. Adem langzaam en diep. Stel je voor dat de koesterende, vrouwelijke energie van de aarde via je voetzolen omhoog stroomt en je hele lichaam vult. Begin rond te lopen en bewegingen te maken en voel de vrouwelijke energie in je lichaam. Sta jezelf toe je open, gevoelig, ontvankelijk, intuïtief en krachtig te voelen. Ervaar de verbinding met alles om je heen. Als je een vrouw bent, stel je je voor dat je een godin bent. Als je een man bent, stel je je voor dat je een godin in je hebt. Beweeg je lichaam met de energie van die godin.

Ik laat
vrouwelijke energie door me heen
stromen.

Maak contact met je mannelijke energie

Zoek ergens binnen of buiten een rustige plek waar je genoeg bewegingsruimte hebt en niemand je stoort. Ga in een gemakkelijke houding staan met de knieën licht gebogen. Adem langzaam en diep. Stel je voor dat je via elke cel in je lichaam mannelijke energie in je opneemt. Laat jezelf helemaal vervuld raken van die mannelijke energie. Begin vanuit deze energie rond te lopen of bewegingen te maken. Sta jezelf toe je sterk, helder, gericht en krachtig te voelen. Ervaar je individualiteit, hoe je je onderscheidt van alles om je heen. Als je een man bent, stel je dan voor dat je een god bent. Als je een vrouw bent, stel je je voor dat je een god in je hebt. Beweeg je lichaam met de energie van die god.

Ik laat
mannelijke energie door me heen
stromen.

19 augustus

Breng je mannelijke en vrouwelijke energieën met elkaar in evenwicht

Merk hoe verschillend je lichaam aanvoelt als je vrouwelijke energie door je heenstroomt en als je mannelijke energie door je heenstroomt. Wees je bewust van hoe anders je reageert op je omgeving vanuit elk perspectief. Beide zijn belangrijk, beide zijn krachtig. Speel met die verschillende energieën in je leven. Laat ze door je heen stromen als je ze nodig hebt. Experimenteer door ze beide tegelijkertijd in je op te nemen en te kijken of je een evenwicht tussen die twee kunt ervaren.

Ik vind
het evenwicht tussen de mannelijke
en vrouwelijke energieën
in mijn leven.

Het creatieve proces is cyclisch

Het creatieve proces is cyclisch. Het is een heen en weer bewegen tussen de mannelijke en vrouwelijke energieën. Het betekent niet dat je moet proberen voortdurend volmaakt in evenwicht te zijn. Meestal bevind je je een tijdje aan de ene kant en beweeg je vervolgens naar de andere kant. Het is belangrijk dat je een evenwicht hebt. Als je je bewuster wordt van hoe de verschillende energieën aanvoelen, zul je in staat zijn te zeggen vanuit welke kant je werkt. De truc is te leren onderkennen wanneer je te lang aan de ene kant hebt vertoefd, en de verschuiving naar de andere kant toe te staan.

Ik word me
bewust van hoe ik tussen de
mannelijke en de vrouwelijke kant
heen en weer beweeg.

Overmatige mannelijke energie

Als mannelijke energie eenmaal op gang komt, heeft hij de neiging door te draven. Na een poosje loop je leeg. Als je het gevoel krijgt dat je meer investeert dan terug krijgt, aan het drammen, forceren bent, uitgeblust of moe raakt, is dat een boodschap dat je te ver bent gegaan en meer tot de vrouwelijke kant over moet gaan. Vaak ontstaat dan de situatie dat je niet weet wat je moet doen. De mannelijke energie raakt buiten zichzelf omdat hij alleen vertrouwd is met *doen*. Hij zal dingen willen blijven doen, hoewel het niet goed is. Als je op dit punt niet stopt, kun je in een depressie geraken of ziek worden. Op de een of andere manier zul je in een meer evenwichtige toestand worden gedwongen.

Ik leer
mijn mannelijke energie
herkennen.

Overmatige vrouwelijke energie

Als we te lang aan de vrouwelijke kant blijven, ondervinden we moeilijkheden met produceren. Misschien hebben we wel veel creatieve ideeën, maar ze komen niet voorbij het stadium van plannen maken, ze nemen geen fysieke vorm aan. De vrouwelijke energie vreest wellicht de compromissen die nodig zijn als een idee fysiek vorm aanneemt. In onze fantasie zijn onze ideeën altijd volmaakt. Als we ze op papier moeten zetten, moeten we het feit onder ogen zien dat we zouden kunnen falen. Als je er voor kiest bij de volmaaktheid van de fantasie te blijven, zit je te veel aan de vrouwelijke kant.

Ik leer
mijn vrouwelijke energie
onderkennen.

23 augustus

Tijd voor onderzoek

In de traditionele rolverdeling tussen mannen en vrouwen hebben mannen zich totaal geïdentificeerd met hun mannelijke energie, en vrouwen volledig met hun vrouwelijke energie. We zaten allemaal vast in starre rollen, brachten slechts de helft van ons potentieel tot uitdrukking en wezen de tegengestelde polariteit af. Mannen hebben evenveel geleden als vrouwen van het afsluiten van de helft van hun psyche. Terwijl vrouwen zich machteloos voelden in de wereld, hadden mannen geen contact met hun gevoelens en intimiteit, hetgeen bijzonder pijnlijk is. Gelukkig leven we in een tijd waarin we eindelijk vrij zijn alle aspecten van wie we zijn te onderzoeken en tot uitdrukking te brengen.

Ik onderzoek
alle aspecten van mezelf
en breng ze tot uitdrukking.

De uitdaging van onze tijd

Wat mannelijke en vrouwelijke rolpatronen betreft, leven we in een uitdagende maar verwarrende tijd. We zijn nu vrij onze tegengestelde polariteit te onderzoeken, maar we hebben er moeite mee het evenwicht te vinden. Veel vrouwen hebben hun mannelijke energieën ontwikkeld, en veel mannen hun vrouwelijke aspecten. Thans voelen velen van ons zich enigszins gevangen in deze nieuwe polariteiten. Vrouwen vragen zich nu af hoe ze succes en macht in de wereld kunnen hebben naast emotionele en seksuele intimiteit, huis en gezin. En mannen proberen er achter te komen hoe ze gevoelig en kwetsbaar kunnen zijn, hun gevoelens kunnen uiten terwijl ze nog steeds hun kracht en agressieve energie onderkennen.

Ik vind
het evenwicht tussen mijn mannelijke
en vrouwelijke energieën.

Integratie van mannelijk en vrouwelijk: vrouwen

Vrouwen hebben zo lang de traditionele vrouwelijke rol van moederen en koesteren vervuld, dat ze tegenwoordig precies de andere kant zijn opgegaan. Ze zijn die zeer mannelijke wereld binnengestapt, zakenvrouw geworden, zeer gedreven en gericht op een loopbaan buitenshuis. Ze hebben heel weinig aandacht aan huis, gezin en relaties – al die traditionele rollen – besteed.
Maar het is een uiterste, en dus beseffen nu veel vrouwen dat ze het evenwicht willen. Ze willen bevrediging en vervulling in zowel carrière als gezinsleven. Het is een grote uitdaging en een die niet alleen nodig, maar ook mogelijk is.

Ik vind
bevrediging in mijn werk en mijn relaties.

Integratie van mannelijk en vrouwelijk: mannen

Veel mannen voelen zich totaal verloren in deze tijd van veranderende rollen. Mannen zien zich voor een groot dilemma geplaatst: hoe kunnen ze gevoelig zijn en hun vrouwelijke kant ontwikkelen, zonder hun mannelijke kant te verliezen. Op dit moment is het verbijsterend. Ze weten niet hoe ze zichzelf emotioneel moeten ondersteunen, en ik denk dat de meeste vrouwen ook niet goed weten hoe ze hen moeten ondersteunen. Veel mannen hebben tegenwoordig hun toevlucht gezocht tot die vrouwelijke kant van gevoeligheid, intuïtie, kwetsbaarheid en emotie. Maar er zijn geen voorbeelden van hoe die kant behouden kan worden zonder de mannelijke kant te verliezen. We moeten ons realiseren wat een grote uitdaging dit is.

Ik
ben gevoelig en
krachtig.

De nieuwe man

Wat is mannelijkheid? Wat is het om een man te zijn – een geïntegreerd mannelijk/vrouwelijk wezen – in een mannelijk lichaam? Mannen hebben weinig voorbeelden van hoe de nieuwe man er uitziet. De mannen die dit soort werk doen en echt naar zichzelf kijken, *zijn* de nieuwe voorbeelden. Het is hun eigen innerlijk intuïtief gevoel van weten dat hen zal vertellen wat ze moeten doen. Ze kunnen niet de vrouwen in hun leven als voorbeeld nemen. Ze moeten naar hun eigen innerlijk gevoel van waarheid kijken en naar elkaar. Mannen moeten elkaar veel emotionele steun geven.

Vrouwen zijn altijd zo druk met proberen te ontdekken wat ze moeten doen om mannen te helpen. Dat is niet de taak van vrouwen. De vrouwen hebben als taak aan zichzelf te werken.

Mannen: *Ik word*
een geïntegreerde man.
Vrouwen: *Ik respecteer en waardeer*
de mannen in mijn leven.

De nieuwe vrouw

Wat is vrouwelijkheid? Hoe is het een vrouw te zijn – een geïntegreerd vrouwelijk/mannelijk wezen – in een vrouwelijk lichaam? Het is de taak van vrouwen om die subtiele manier die zelfs vrouwen van de Nieuwe Tijd onbewust hebben, om te proberen voor de mannen orde op zaken te stellen, proberen alles voor hen te regelen of hen op het goede spoor te zetten. We moeten rechtstreeks en oprecht met de mannen in ons leven communiceren over wat we willen en niet willen, fijn vinden en niet fijn vinden, en hoe we ons voelen. Vervolgens moeten we ons naar binnen keren, zorgen voor de integratie van ons eigen mannelijk en vrouwelijk zelf. Dat is heel moeilijk, omdat we ons eigenlijk graag op de mannen richten.

Vrouwen: *Ik richt me op mijn eigen proces.*
Mannen: *Ik respecteer en waardeer de vrouwen in mijn leven.*

29 augustus

Enthousiasme

Enthousiasme is een kwaliteit die op een natuurlijke manier voortkomt uit de stroom van de levenskracht in ons, en die ons naar nieuwe ervaringen en ontdekkingen voert. Voor velen is deze kwaliteit in de kinderjaren onderdrukt toen we onze spontane creatieve impulsen niet mochten volgen of er niet in werden aangemoedigd. We kunnen beginnen ons enthousiasme te ontwikkelen door te vertrouwen op onze intuïtieve gevoelens en er gehoor aan te geven, nieuwe ervaringen te onderzoeken en de dingen te doen die we echt graag doen.

Ik ben
enthousiast over
mijn leven.

Het leven toont ons wat we moeten weten

Volg creatieve ideeën en creatieve impulsen. Doe wat je hart je ingeeft. Zo lang je daar gehoor aan geeft, zul je worden geleid naar wat je daarna moet doen. Als je je leven op deze manier leidt, jezelf laat leiden, wil dat niet zeggen dat je geen fouten maakt of vergissingen begaat. Het betekent dat je leven in de grond veel krachtiger uit kan werken. Maar je moet bereid zijn dingen los te laten als ze niet werken en door blijven gaan met wat wel werkt.

Ik vertrouw op
het proces van me laten leiden door mijn eigen creativiteit.

31 augustus

Het leven is een leerproces

Als je wilt dat je leven werkt, moet je je bewust worden van wat er niet werkt. Als je bereid bent je eigen spirituele en psychologische proces te volgen, zul je van je ervaringen blijven leren en er door groeien. Gebruik de terugkoppeling van je leven als dingen niet werken in plaats van gewoon het slachtoffer te zijn. Erken dat als dingen naar buiten toe niet werken, het een afspiegeling is van iets dat niet werkt aan de binnenkant. Er ontbreekt een stuk of er moet iets worden ingezien.

Ik heb mijn leven hieraan gewijd. Dat heeft me in staat gesteld de plekken die vastzitten op te pakken en ze tot leerervaringen te maken. Als ik de volgende stap van mijn eigen groei neem, beginnen gelijktijdig dingen op fysiek niveau te werken. Doe het. Dan zullen de dingen beginnen te veranderen.

Ik gebruik
de terugkoppeling die ik van mijn leven krijg
om te veranderen en te groeien.

Ware rijkdom is eenvoudig en evenwichtig

Voor veel mensen zijn financiële rijkdom en materiële bezittingen verslavingen. We zoeken vervulling in dingen, ter vervanging van wat we echt willen en nodig hebben maar niet hebben, zoals liefde, emotioneel contact en creatieve uitdrukking van het zelf. Hoe bewuster en geïntegreerder we worden, des te meer weerspiegelt ons leven dat in intimiteit, liefde, creatieve bevrediging en vervulling, en des te minder worden we gedreven om geld en bezittingen te vergaren.
Als we ons mee laten voeren op de stroom van onze natuurlijke energie, vinden we vanzelf eenvoud en evenwicht in ons leven. We hebben alles wat ons hart zou kunnen verlangen in grote overvloed, maar we vergaren niet in overmaat. We verspillen niet: we gebruiken niet de hulpbronnen die eigenlijk niet hoeven te worden gebruikt.

Ik geef mezelf de dingen die ik echt nodig heb, en leef in eenvoud en overvloed.

2 september

Geld is een spiegel

Je relatie tot geld kun je op dezelfde manier beschouwen als je andere relaties – als een zeer krachtige weerspiegeling van je eigen proces van het integreren van alle energieën in jezelf. Geld weerspiegelt je relatie met je creatieve energie.

In feite is geld op zich niets. Het is een symbool. Geld vertegenwoordigt creatieve energie. De manier waarop geld in je leven stroomt, heeft iets te maken met de manier waarop je eigen levensenergie stroomt. Hoe je met die energie omgaat, zal worden weerspiegeld in hoe geld voor je werkt.

Hoe werkt geld in mijn leven? Wat kan het weerspiegelen over hoe mijn energie stroomt?

De benadering van geld vanuit de mannelijke energie

De benadering van geld vanuit de mannelijke energie is gericht op het materiële, op het karwei in de wereld klaren dat meestal geld oplevert. Mannen en vrouwen met een sterke mannelijke energie zijn meestal in staat geld binnen te halen en er praktisch mee om te gaan. Maar het onderliggende gevoel is dat ze het doen op eigen kracht. Ze voelen zich vaak niet in contact met de kracht van het universum, dus is er veel werk en strijd, en vaak leidt het uiteindelijk tot uitgeblust zijn en uitputting. Ze verliezen ook intimiteit, vreugde, speelsheid en plezier in het leven.

Als je je te zeer hebt geïdentificeerd met de mannelijke energie, heeft geld niets te maken met ervan genieten – het heeft te maken met hard werken en de kost verdienen en verantwoordelijk zijn.

Ben ik te serieus en gedreven in relatie tot geld?

4 september

De benadering van geld vanuit de vrouwelijke energie

Mannen en vrouwen die zich meer hebben geïdentificeerd met hun vrouwelijke polariteit zijn vaak creatief, artistiek en spontaan. Ze kunnen geneigd zijn onpraktisch met geld om te gaan en weinig zin hebben naar de details te kijken. Ze willen hun bankrekening niet in evenwicht houden of een begroting maken omdat ze het gevoel hebben dat dergelijke details hen beperken en hun vrije geest onderdrukken. Ze zijn geneigd te veel uit te geven waardoor ze financieel in moeilijkheden komen. Ze hebben misschien de filosofie dat het universum overal voor zal zorgen, hetgeen een spirituele waarheid is. Maar als je uit evenwicht bent, kan een dergelijke filosofie leiden tot financiële strijd. Vaak is het moeilijk voor zo iemand op een effectieve manier energie in de wereld te brengen – het klassieke voorbeeld van de artiest die het moeilijk heeft.

Ben ik
geneigd onpraktisch met geld
om te gaan?

Het conflict over geld

De twee polariteiten van de mannelijke en vrouwelijke energie worden in een relatie vaak weerspiegeld in conflicten over geld. De ene partner kan voorzichtig, praktisch en heel zorgvuldig met geld omgaan. De andere partner kan veel speelser zijn en het geld gemakkelijker uitgeven. Dit conflict kan pijnlijke problemen veroorzaken, tenzij beide partners inzien dat ze alletwee weerspiegelen wat de ander moet ontwikkelen, en er aan gaan werken die tegengestelde polariteit te ontwikkelen.

Heb ik met
iemand een conflict over geld?
Wat weerspiegelt dat
voor mij?

6 september

Waarom wil je geld onder controle hebben?

Als je geneigd bent te gedreven of te strak met geld om te gaan, vraag jezelf dan af wat er zou gebeuren als je meer ontspannen zou zijn over geld. Wat zou er gebeuren als je het vrij liet stromen? De persoon die meer vanuit de mannelijke energie met geld omgaat, is bang dat ontspanning hem kwetsbaar zal maken. Het is gemakkelijk om de wereld in te stappen en te doen, maar de ontvangende functie is geblokkeerd. Ontvangen betekent je kwetsbaar opstellen. Het betekent ook dat je in contact komt met een lichter soort benadering, meer ontspant, de dingen niet zo serieus opvat. Je hoeft niet de last van zo'n zware verantwoordelijkheid te dragen. Als je leert meer te vertrouwen en te ontspannen, kan het universum voor jou zorgen.

Ik leer
me ontspannen en erop vertrouwen
dat er voor mij wordt gezorgd.

Wat vind je beangstigend aan geld?

Als je moeite hebt goed met geld om te gaan, vraag jezelf dan af wat je beangstigt in het omgaan met geld. Welk deel van jou is bang? Welk innerlijk ik verdring je? Het meer kinderlijke, spontane, creatieve ik is vaak bang om op te groeien, omdat opgroeien betekent dat je je magie kwijtraakt. Omgaan met de details van het leven, inclusief de financiële, op een verantwoordelijke manier, kan het gevoel geven dat je creatieve geest wordt verstikt. Maar vorm (geld) en geest (creativiteit) hoeven niet elkaars vijanden te zijn. Zie in dat vorm de functie heeft de geest in de fysieke wereld te ondersteunen en het mogelijk te maken voor de geest gemakkelijk en positief in de fysieke wereld te leven. Op een goede manier met geld om leren gaan zal zelfs je creatieve geest ondersteunen, zodat hij zich effectiever in de wereld kan uitdrukken.

Mijn verantwoordelijkheid ten aanzien van geld hanteren ondersteunt mijn creativiteit en vrijheid.

8 september

Accepteer je verantwoordelijkheid ten aanzien van geld

Gedraag je, als het op geld aankomt, niet als een kind dat wil dat iemand anders de verantwoordelijke ouder is. Als je niet zelf de energie van verantwoordelijkheid voor je eigen geld draagt, doet het er niet toe hoeveel je hebt of in je leven kunt brengen. Iemand zal misbruik van je maken en je zult het kwijtraken, of je zult een of andere ramp scheppen. Je moet verantwoordelijkheid op je nemen voor je geld, en genoeg leren zodat je intelligente beslissingen kunt nemen. Activeer de 'financiële manager' in je en sta open voor wat je moet weten en wat anderen je kunnen leren die begrijpen hoe je wijs met geld om kunt gaan.

Ik leer
wijs en goed met mijn geld
om te gaan.

Geld nodig hebben kan een leidende kracht zijn

Soms doen we dingen alleen omdat we het geld nodig hebben. Dat kan een negatieve motivatie lijken, maar het kan ook zijn dat dan het universum aan het werk is. Die motivatie kan ons dwingen de wereld in te gaan om iets te leren of creatief werk te doen dat we anders misschien niet gedaan zouden hebben. Als je geld nodig hebt, kan het zijn dat het universum je stuurt om een bepaald iets te doen ten behoeve van je eigen groei. Het geld dat je ervoor krijgt, is de manier van het universum om je te vertellen dat je goed bezig bent. Zolang je je leiding volgt en doet wat je moet doen, zul je baat hebben bij de ervaring.

Heeft de behoefte
aan geld me ooit geleid
naar een belangrijke
leerervaring?

10 september

We werken aan een vervullende loopbaan

Soms kan het goed zijn een baan te hebben alleen om de rekeningen te kunnen betalen. Het kan je de stabiliteit geven die je op dit moment nodig hebt, en de vaardigheden die je leert, kunnen later van pas komen. Als je jezelf aangetrokken voelt tot werk waarvan je niet de indruk hebt dat het uiteindelijk goed voor je zal zijn, heb je waarschijnlijk de vaardigheden nodig, of een of andere ervaring die je iets van waarde zal geven voor het echt betekenisvolle werk in het leven.

Alles wat ik doe,
draagt bij aan het echt betekenisvolle
werk dat mijn doel in het leven is.

11 september

Geld is niet echt van ons

Geld is symbolisch voor de stroom van levensenergie die vanuit de oneindige bron komt. Hoe meer je vertrouwt op je eigen energie en die volgt, des te beter zal het geld in je leven werken. Het zal een goed evenwicht bereiken.
Ik heb geleerd te luisteren naar wat ik als de hogere kracht ervaar, en doe wat ze me zegt te doen. En vervolgens verschaft ze me het geld om het te doen.

Terwijl ik luister
naar mijn hogere leiding, stroomt het geld
mijn leven binnen.

12 september

Waar succes

Wat is waar succes? Is waar succes als je alleen een ongelooflijk succesvolle zaak hebt en veel geld verdient? Of is succes een evenwichtig, geïntegreerd leven leiden waarin we vervulling en geluk vinden? Voor een deel bestaat succes uit het volbrengen van iets, iets aan de wereld geven, en als gevolg daarvan waardering, erkenning en geld ontvangen. Maar het mannelijk model van zaken doen in onze maatschappij laat geen ruimte voor die andere dingen – zoals een vervullend gezinsleven of goede gezondheid.

Ik definieer
succes op mijn eigen manier,
volgens wat mij vervulling en
geluk brengt.

Iedere baan draagt bij aan het geheel

Het is een elementaire menselijke behoefte het gevoel te hebben dat we op de een of andere manier dienstbaar zijn en een bijdrage leveren aan de wereld. Naarmate onze maatschappij ingewikkelder is geworden, zijn velen van ons het gevoel kwijtgeraakt van hoe hetgeen we doen in verband staat met en van dienst is voor de rest van de wereld. Dat leidt tot een gevoel van ontevredenheid en leegte – een emotioneel bankroet. Ongeacht wat je werk is, je verleent beslist een belangrijke dienst. Kijk naar wat je doet en probeer te zien hoe je een bijdrage levert. Zie de rechtstreekse verbinding tussen jouw werk en dat van anderen. Pas dan vind je vervulling en voldoening in je werk.

Door mijn werk
lever ik een bijdrage aan
de wereld.

14 september

Werk hoeft geen strijd te zijn.

We zijn geneigd tot de overtuiging dat werk te maken heeft met opoffering en ontbering. We moeten hard vechten en werken om te overleven; het is niet realistisch te verwachten dat werk volkomen vervullend is. We moeten dit oude idee loslaten. We hebben recht op betekenisvol werk. We moeten een nieuwe overtuiging scheppen die zegt dat het leven bedoeld is om vervullend te zijn, dat ons werk bedoeld is om opwindend te zijn, en een echt hartstochtelijk deel van het leven is. We kunnen dat verwachten en het scheppen.

Mijn werk vormt
een hartstochtelijk en vervullend deel
van mijn leven.

Wees een werknemer van het universum

Als je waarlijk het hoogste goed dient, doe je precies wat je het liefste doet. Je hartstocht in het leven delen en de dingen doen die je echt opwindend vindt, is de uitdrukking van je ziel in de fysieke wereld. Het zal altijd de grootste dienst zijn die je kunt leveren. Het leven wordt een prachtige cirkel waarin je doet wat je graag doet, en waarmee je ook dienstbaar bent aan anderen. De voldoening dat je het universum dient, is je grootste beloning.

Ik dien
mijn hogere kracht. Ik doe wat
ze zegt dat ik moet doen.

16 september

Je hogere kracht voorziet in alles

Als je eenmaal het besluit hebt genomen je hogere kracht te dienen is het aan je hogere kracht jou van alles te voorzien wat je nodig hebt om het werk te doen wat ze van je vraagt. Mijn hogere kracht zorgt altijd precies voor de juiste persoon met wie ik iets moet doen of die me het juiste advies geeft. Er wordt voor geld gezorgd zodat ik mijn werk kan blijven doen. Zo lang ik blijf vragen om leiding over wat ik hier moet doen en die ontvang, ontvang ik alles wat ik nodig heb om het te doen.

Ik leer
erop te vertrouwen
dat mijn hogere kracht zal zorgen
voor alles wat ik nodig heb.

Tijd voor wat belangrijk is

De mate van voldoening in ons werk gaat gelijk op met de mate van andere voldoening gevende dingen in ons leven. Voor een deel kunnen we een succesvol arbeidsleven scheppen door ook andere categorieën die in ons leven belangrijk zijn, zoals tijd voor onszelf, intimiteit met geliefden, tijd voor fysieke activiteiten, tijd voor spel en vermaak, in overweging te nemen. Als je per dag, week of maand een schema maakt waarin al deze elementen zijn opgenomen, kan dat er beter voor zorgen dat je tijd maakt voor alle dingen die je in het leven wilt. Het is een teken van eigenwaarde jezelf de tijd te geven die je nodig hebt voor alles wat belangrijk is voor je.

Neem ik de tijd
in mijn leven voor alles wat echt belangrijk
is voor me?

18 september

Schep structuur om jezelf te ondersteunen

Als we aan ons eigen lot worden overgelaten, scheppen de meesten van ons in de moderne maatschappij gewoon niet vanzelf een levensstijl waarin alle elementen die we nodig hebben, zijn opgenomen. We moeten bewust structuur scheppen zowel in tijd als in geld om ons evenwicht en onze integratie te bevorderen. Dat betekent bewust overwegen wat we op moeten nemen, en vervolgens een of ander tijdschema en budget vaststellen dat ons helpt die dingen op te nemen. Het gebeurt niet vanzelf. We moeten het scheppen.

Hoe kan ik een
tijdsschema en een budget maken
dat realistisch is en de
elementen bevat die ik nodig heb?

Gestructureerde tijd

Ook voor de werkdag moet tijd worden gestructureerd, omdat werk verschillende elementen bevat. In je werk kun je een deel van de tijd gericht zijn op zakelijke aangelegenheden, anderen te woord staan, tijd waarin je creatief bent, en tijd waarin je papierwerk doet. Het kan enorm helpen als je een schema uitwerkt voor de tijd dat je werkt, zodat je een bepaald gedeelte van de dag alleen aan je bureau werkt, en een deel van de dag met anderen contact hebt, op een manier die voor jou het beste werkt.

Ik breng structuur
in mijn werkdag op een manier die
evenwicht bevordert.

20 september

Creatieve motivatie komt van binnenuit

Iets scheppen, of dat nu een schilderij, muziek, een nieuw produkt of een jaarverslag is, komt in wezen voort uit innerlijke inspiratie en uiterlijke behoefte. Soms is er eerst de innerlijke motivatie, maar soms word je door uiterlijke druk in een creatief proces geduwd waar je van binnenuit niet toe kwam.
Het creatieve proces is een samenspel tussen de innerlijke creatieve impuls en de praktische werkelijkheid van buitenaf. Als we dingen alleen doen vanuit uiterlijke motivatie raken we onze inspiratie kwijt en maken we dingen die weinig diepgang of waarde hebben. Dan verliezen we contact met onze creatieve bron. Anderzijds kunnen we niet vanuit een vacuüm scheppen zonder motivatie van buitenaf. We moeten die twee met elkaar in evenwicht brengen. Vaak wordt een externe factor een katalysator om het creatieve proces dat innerlijk is vastgelopen op gang te brengen.

Mijn creativiteit wordt gestimuleerd door innerlijke en uiterlijke factoren.

Innerlijk conflict

We hebben allemaal op zijn tijd een aanzienlijke hoeveelheid innerlijk conflict in ons leven. Innerlijk conflict is afkomstig uit diverse delen van onze persoonlijkheid die andere dingen nodig hebben en willen. In plaats van te denken dat we het conflict op moeten lossen door te kiezen en de rest uit te sluiten, moeten we proberen ons bewustzijn te verruimen om nieuwe mogelijkheden op te nemen.

De truc is je bewust te worden van alle behoeften, gevoelens en krachten die in ons spelen, en ons zo te verruimen dat we ze allemaal kunnen omvatten, zonder dat we weten hoe dat conflict zal worden opgelost. Wees bereid alle polariteiten van je innerlijk conflict in je bewustzijn vast te houden zonder direct een oplossing proberen te vinden. Dan vloeien vanuit die plek van bewustzijn en gewaarzijn een oplossing en een integratie voort die feitelijk van een hoger deel van je wezen komen.

Ik ben me bewust van
alle kanten van het conflict in me.

22 september

Vervang 'of' door 'en'

Het pijnlijke aan een conflict is dat we denken dat we een deel van wat we willen of nodig hebben op moeten offeren om het andere te krijgen. Het is heel moeilijk met onze logische linkerhersenhelft te zien hoe een andere keuze mogelijk is. We zijn er zo aan gewend op een lineaire manier bezig te zijn, dat we denken dat als we dít willen, we dát niet kunnen hebben. Maar we kunnen beide hebben. Het is niet iets wat onmiddellijk gebeurt, maar als we bereid zijn geduld te hebben en ons proces door te maken, zal het universum ons het wezenlijke van alles wat we nodig hebben, geven.

Ik kan
alles hebben wat ik echt nodig heb
en wil in het leven.

Wees je bewust van je conflict

Als je een conflict hebt, sta jezelf dan toe daar een tijdje bewust bij stil te staan. Wees je alle verschillende tegenstrijdige gevoelens en delen van jezelf zo goed mogelijk bewust. Sluit ze allemaal in. Vervolgens vraag je de hogere creatieve intelligentie in je een manier te zoeken om alle belangrijke aspecten van jezelf op te lossen en te integreren, in plaats van voor het een of het ander te moeten kiezen. Verwacht geen kant-en-klare oplossing. Gun het proces de tijd organisch door te werken. Je innerlijke leiding zal je van je volgende stap bewust doen zijn.

Ik neem bewust
de tijd opdat mijn innerlijke conflicten
zichzelf organisch op kunnen
lossen.

24 september

In uitersten vervallen

Er zijn momenten in het proces van evenwicht zoeken en integratie dat het goed is om in uitersten te vervallen, vooral als het een uiterste is dat lijnrecht staat tegenover een dat je al hebt onderzocht of ontwikkeld. Er is niets verkeerds aan als je innerlijke leiding zegt dat je dat nodig hebt, en als het voor jou op dat tijdstip goed en juist aanvoelt. Vroeg of laat zal het leven je uit ieder uiterste voeren naar een evenwichtige stroom tussen beide polariteiten. Als je je eenmaal op je gemak voelt in een bepaald spectrum, ben je vrij het hele scala van ervaringen door te maken.

Ik ben vrij
het volledige spectrum van levenservaringen
te onderzoeken.

Wees je bewust van je polariteiten

Hoe meer je in contact bent met de polariteiten in je eigen persoonlijkheid, des te bewuster ben je. Als je iets te ver naar één kant overhelt, zul je merken dat het andere deel van je je weer in evenwicht zal trekken. En als je dan weer te ver naar die kant overhelt, zal de eerste polariteit je weer terug trekken. Je zult ervaren dat het evenwicht, de stroom en de integratie in jezelf toenemen, en dat zal zich weerspiegelen in alle aspecten van je leven.

Ik ben me bewust
van de vele tegengestelde energieën
in me.

26 september

Zoek naar de les

Het universum vertelt je waar je je op moet richten. Het stoot je steeds zachtjes aan. Als je hebt geleerd die signalen te herkennen, heb je snel te pakken wat er in je leven niet in evenwicht is. Maar de meesten van ons weten niet hoe we die kleine stootjes die het universum ons geeft, kunnen herkennen, dus dan krijgen we een flinke por. Uiteindelijk krijgen we een klap recht in ons gezicht of worden we neergeslagen. En sommige mensen moeten echt geen kant meer op kunnen voordat ze bereid zijn te kijken naar de noodzaak van verandering en de mogelijkheid van groei.

Probeer een houding te ontwikkelen waarin je de problemen die zich in je leven voordoen in feite ziet als geschenken van je eigen ziel om je aandacht te trekken voor dingen in je leven die niet in evenwicht zijn. Dan is het leven minder traumatisch. Je kunt onmiddellijk naar een probleem kijken en je afvragen: 'Wat moet ik hier leren?'

Wat probeert het universum me te vertellen? Vandaag zal ik openstaan voor de boodschap.

Uiterlijk conflict is een spiegel van innerlijk conflict

De meeste van onze conflicten in relaties of in situaties in ons leven zijn projecties van innerlijke conflicten. De mensen met wie we een conflict hebben, weerspiegelen meestal delen van onszelf waarbij we ons niet op ons gemak voelen of waarmee we niet in het reine zijn. Mensen die bijvoorbeeld altijd moeilijkheden krijgen met gezagdragers hebben de gezaghebbende delen van zichzelf niet onderkend en geaccepteerd. Mensen die zich heel sterk hebben geïdentificeerd met een gestructureerde, autoritaire stem zullen in hun leven waarschijnlijk opstandige mensen aantrekken – met name hun kinderen. Deze situatie zal pas veranderen als we bereid zijn uiterlijke conflicten te zien als een spiegel van onze innerlijke conflicten. Als we ons bewust worden van alle aspecten van onszelf en ze accepteren, smelten uiterlijke conflicten weg.

Ik leer uiterlijke conflicten te zien als een spiegel van mijn eigen innerlijke conflicten.

Conflicten op wereldniveau zijn een spiegel van innerlijke conflicten

Nationale of internationale conflicten zijn een massaprojectie van alle individuele innerlijke conflicten en de innerlijke conflicten die misschien bestaan binnen die specifieke samenleving. We projecteren delen van die conflicten op andere mensen, andere culturen en andere rassen, en vervolgens trekken we er op uit en beginnen een oorlog of conflict met hen. Dat alles weerspiegelt de conflicten binnen onszelf. Als we kijken naar de tegengestelde kant van internationale conflicten, kunnen we zien wat ieder land of iedere cultuur in zijn en haar eigen maatschappij afwijst. Er zal pas een einde komen aan conflicten op wereldschaal als iedere samenleving alle verschillende archetypische energieën accepteert en ruimte biedt om ze tot uitdrukking te laten komen.

Hoe kunnen huidige conflicten in de wereld mijn eigen innerlijke conflicten weerspiegelen?

De polariteiten van ontwikkelde landen en ontwikkelingslanden

De Derde-Wereldlanden hebben allemaal culturen die meer zijn geworteld in het vrouwelijk principe dan de ontwikkelde landen. Ze hebben een grotere band met de aarde, intuïtie, de ziel. Maar ze zijn technologisch gezien niet zo ver ontwikkeld. Ze hebben niet het mannelijk aspect dat hen de mogelijkheid zou kunnen bieden het in de wereld te maken. Als gevolg daarvan lijden ze. Ze worden onder de voet gelopen en misbruikt door culturen die door mannelijke energie worden bepaald. Wij in onze geïndustrialiseerde landen lijden ook door ons gebrek aan contact met de aarde. Beide kanten moeten van elkaar leren. We hebben allemaal evenwicht nodig. De wereld heeft evenwicht nodig.

Terwijl ik evenwicht
in mezelf vind, help ik de wereld
meer in evenwicht te komen.

30 september

Stel je evenwicht en harmonie voor

Ga gemakkelijk zitten of liggen. Ontspan, sluit je ogen en haal een paar keer langzaam en diep adem. Breng je bewustzijn naar een diepe, stille plek in je. Begin je voor te stellen hoe het leven er uit zou zien als het waarlijk in evewnicht en harmonie zou zijn. Als je eenmaal een gevoel hebt van die mogelijkheid, breid het dan uit naar de mensen om je heen, de gemeenschap waarin je leeft en je land. Allemaal komen ze in evenwicht met elkaar en de aarde. Stel je tot slot voor hoe de hele wereld in evenwicht en harmonie leeft.

De wereld
komt in evenwicht
en harmonie.

Herfst

We hebben relaties nodig

De belangrijkste relatie die we hebben is die met onszelf, en uiteindelijk is dat de enige relatie die de basis kan verschaffen voor heel zijn. Dat is de plek waar we integratie en evenwicht moeten zoeken. En tegelijkertijd hebben we relaties nodig met anderen om gelukkig en vervuld te kunnen leven. Als we alleen naar heelheid en vervulling in onszelf zoeken, verdringen we het deel van onszelf dat ook andere mensen nodig heeft.
De mens is een sociaal wezen. Fysiek, emotioneel, mentaal en spiritueel hebben we absoluut nauw contact nodig met anderen. We hebben liefde, ondersteuning, begrip, erkenning en stimulans nodig die anderen voor ons weerkaatsen.

Ik besteed tijd
aan het ontwikkelen van de relatie met mezelf,
en tijd om me open te stellen voor
wat ik van anderen nodig heb.

2 oktober

Het kind in ons is de sleutel tot intimiteit

Omdat het kind in ons dat deel van ons is dat de diepste emoties ervaart, is het het deel van ons dat oprecht lief kan hebben. Het is ook het deel van ons dat kwetsbaar is, dat gewond kan raken. Om echte intimiteit met iemand anders te kunnen ervaren, moeten we in contact zijn met onze kwetsbaarheid en liefde, zelfs met ons vermogen gewond te raken.

Als we niet in contact zijn met het kind in ons, zullen we geen ware intimiteit ervaren. Naarmate we leren in contact te zijn met het kind, er voor te zorgen en het te beschermen, en er op een goede manier uitdrukking aan geven, kunnen we intimiteit op een gezonde, vervullende manier in ons leven ervaren.

Naarmate ik leer
het kind in mij te steunen,
ervaar ik meer intimiteit
in mijn leven.

We hebben allemaal behoeften

Als mens hebben we veel van andere mensen nodig. We hebben liefde, steun, contact en intimiteit nodig. In onze maatschappij worden gevoelens van afhankelijkheid negatief gewaardeerd. We worden geacht helemaal voor onszelf te kunnen zorgen. Veel mensen schamen zich ervoor te bekennen hoeveel ze in feite nodig hebben, vooral emotioneel. Maar juist onze behoeften maken ons menselijk. We moeten ze leren respecteren, niet ontkennen. Dan kunnen we beginnen aan onze behoeften te voldoen.

Het is natuurlijk
dat ik emotionele behoeften
heb.

4 oktober

Geef rechtstreeks uitdrukking aan je behoeften

Als je je behoeften onderkent en toegeeft en ze echt respecteert, kun je ze vervolgens rechtstreeks uiten. Pas dan kun je van andere mensen beginnen te ontvangen. Als ik kan zeggen dat ik echt behoefte heb aan jouw liefde, aan jouw vriendschap, aan een knuffel op dit moment of aan iemand om mee te praten, is het meestal tamelijk gemakkelijk voor mensen om dat te geven. Maar als ik zeg: 'Ik zou eigenlijk niemand nodig moeten hebben', komen mijn behoeften er indirect uit en krijgen meer energie, omdat ik ontken wat er echt is. Dan wordt het moeilijk voor mensen om te reageren zonder zich gemanipuleerd of overdonderd te voelen.

Ik leer
duidelijk en rechtstreeks te vragen
wat ik nodig heb.

We zijn allemaal kwetsbaar

De meesten van ons zijn enigszins bang voor hun kwetsbaarheid. We hebben verschillende manieren om die te verbergen, te verdedigen. Maar de sleutel tot intimiteit is je vermogen bij anderen kwetsbaar te kunnen zijn. Om dat te kunnen, moeten we eerst eerlijk zijn tegenover onszelf over onze diepste, meest kwetsbare gevoelens. We moeten leren voor die gevoelens te zorgen en ze te beschermen, niet door ze af te sluiten en te verdedigen, maar door oprecht te kunnen zeggen wat we voelen en door te vragen om wat we nodig hebben.

Naarmate we leren onze innerlijke kracht te gebruiken om onze innerlijke kwetsbaarheid te steunen en te uiten in plaats van te onderdrukken, wordt het veiliger en vertrouwder ons naar iemand anders toe open te stellen.

Ik leer me
op mijn gemak te voelen bij
mijn kwetsbaarheid.

6 oktober

Tweeslachtigheid ten aanzien van relaties

Veel mensen, vooral vrouwen, zeggen dat ze een hechte relatie willen en begrijpen niet waarom dat niet lukt. Velen van ons vinden het heel moeilijk te onderkennen hoe verscheurd en tweeslachtig we in feite innerlijk zijn over een hechte relatie. Misschien is er een krachtige stem in ons die intimiteit en nauw contact wil, maar er is een ander, verborgen deel dat daar echt bang voor is, omdat voor de meesten van ons hechte relaties op de een of andere manier verlies van identiteit betekend hebben. Misschien zijn we ons er niet van bewust dat delen van ons een relatie tegenwerken. In feite projecteren we dat gevoel meestal buiten onszelf en vinden alleen partners die niet vrij zijn!

De eerste stap in de richting van een intieme relatie is dat deel van ons dat het *niet* wil, te onderkennen en te respecteren, en te ontdekken waarom het zo voelt.

Welk deel in mij
wil geen hechte relaties,
en waarom niet?

Polariteiten in een relatie

De vrouwelijke kant van ons wezen zoekt naar versmelting en intimiteit. De mannelijke kant zoekt naar individualiteit, onafhankelijkheid, bewegingsvrijheid en uitdrukking van het zelf. De mannelijke kant van ons is bang gebonden, beperkt te raken of door het vrouwelijke te worden opgeslokt. De vrouwelijke kant vreest van het mannelijke te worden gescheiden en erdoor in de steek te worden gelaten. Als we ons meer identificeren met onze mannelijke energie in relaties, zullen we ons onafhankelijker voelen, maar we zullen een partner aantrekken die ons verdrongen verlangen naar intimiteit weerspiegelt. Als we meer in contact zijn met onze vrouwelijke energie in de relatie, zullen we een sterk verlangen ervaren naar meer intimiteit, maar een partner aantrekken die meer ruimte wil!

Met welke polariteit
identificeer ik me op dit moment het meest?
Ben ik in contact met de andere kant van
mijn gevoelens?

8 oktober

Ruimte in relaties

In een intieme relatie hebben we zowel intimiteit als ruimte nodig. We moeten met elkaar versmelten en ons ook weer bewust worden van wie we zelf zijn. Het is moeilijk onze eigen behoeften gewaar te worden en de ruimte te kunnen nemen als we die nodig hebben. We zijn geneigd dat vermogen kwijt te raken als we met iemand anders versmelten. Maar als we niet de ruimte nemen als we die nodig hebben, zullen we een conflict of probleem scheppen dat ons in staat zal stellen van elkaar te scheiden.

Het is een uitdaging, maar ook van wezenlijk belang dat we leren bewuster ruimte te nemen. Als we eenmaal een zekere mate van intimiteit hebben ervaren, moeten we elkaar loslaten en tijd en ruimte voor onszelf hebben. Dat kan variëren van een paar minuten tot een paar dagen. Een intieme relatie is een voortdurende dans tussen de polariteiten van intimiteit en ruimte.

Ik kan
bewust de ruimte nemen
als ik die nodig heb.

Het kind in ons kan bang zijn voor een relatie

Het kind in ons kan ons ervan weerhouden een intieme relatie aan te gaan omdat het bang is. Diep in zijn hart hunkert het kind vooral naar nauw contact en intimiteit. Maar als het kind gewond is geraakt door eerdere relaties in ons leven, kan het als de dood zijn opnieuw te stikken, te worden misbruikt, afgewezen of in de steek gelaten. Als we ons bewust de angsten van het kind in ons gewaar worden, kunnen we het de liefde en steun geven die het nodig heeft om zich veilig te voelen om een relatie aan te gaan.

Naarmate ik me steeds
bewuster word van de angsten van het kind in mij,
kan ik zorgen voor wat
het nodig heeft.

10 oktober

Wees oprecht in een relatie

De moeilijkheden in onze relaties en in ons leven komen als we onze waarheid inhouden, omdat we bang zijn dat iemand er niet van gediend is of dat het ons op de een of andere manier duur komt te staan. Zodra je de waarheid begint te verbergen, heb je een probleem in de relatie. Je begint heel subtiel jezelf terug te trekken uit de relatie, en vervolgens zal het ten koste gaan van de levendigheid van de relatie.

Een intieme relatie, of iedere relatie die belangrijk is, moet gebaseerd zijn op waarheid en oprechtheid, of ze zal doodbloeden. Onoprechtheid gaat ten koste van de relatie. De mate waarin je niet oprecht bent, bepaalt de mate waarin de relatie er onder lijdt.

Ben ik me bewust
van de manier waarop ik mijn waarheid
in een relatie inhoud?

We scheppen afstand in een relatie

Het kan vreselijk beangstigend zijn volkomen oprecht te zijn in een intieme relatie. Want als je iemand dicht genoeg bij je laat komen zodat die persoon je echt kan zien zoals je bent, en je die persoon verliest, kun je je geruïneerd voelen. Maar als je die persoon te veel op een afstand houdt, zul je niet voldoende krijgen wat je nodig hebt. Dus houden we mensen op een armlengte van ons vandaan, dicht genoeg om contact te hebben, maar niet dicht genoeg om ons echt te zien. We zijn bang dat, als ze ontdekken wie we zijn, ze misschien niet bij ons willen zijn. Daarom proberen we precies die mate van intimiteit te hebben, maar niet meer. Helaas vinden we door die afstand geen echte voldoening in onze relaties.

Om de vervulling van intimiteit te vinden, moeten we het risico nemen ons aan anderen te laten zien zoals we echt zijn.

Ik ben bereid
mezelf te geven zoals
ik echt ben.

12 oktober

Voor oprechtheid is moed nodig

Er is veel moed nodig om in een relatie oprecht te zijn. Enerzijds moeten we echt en authentiek zijn voor de ander, anderzijds zijn we bang dat het ertoe kan leiden dat de ander ons in de steek laat. Het is belangrijk dit conflict in jezelf in te zien en te respecteren. Je kunt niet van jezelf verwachten dat je in de wereld tegen iedereen op ieder moment de absolute waarheid spreekt. Dat zou heel beangstigend zijn. Je probeert gewoon in die richting te werken met begrip voor dat deel in je dat daar heel bang voor is. Tegelijkertijd zie je in dat, als je je waarheid niet tot uitdrukking brengt, je een deel van jezelf in de relatie op zult offeren. Geleidelijk aan zul je leren echter te zijn.

Welk deel van me
is bang oprecht te zijn en waarom?
Kan ik dat deel begrijpen en respecteren
terwijl ik leer opener te zijn?

Blijf eerlijk tegenover jezelf

Steeds als we niet de waarheid spreken, laten we onszelf in de steek, omdat we onszelf niet de gelegenheid geven te voelen. We zeggen tegen het kind in ons: 'Ik kan je niet naar buiten laten komen. Ik kan niet echt zijn. Ik kan niet laten zien wie je werkelijk bent.' In wezen laten we onszelf in de steek om bij de ander te zijn, en dat is een afschuwelijk gevoel.
Als je wel de keuze maakt eerlijk tegenover jezelf te blijven en het risico neemt de ander te verliezen, versterk je die band met jezelf. Ironisch genoeg zal de relatie met de ander beter zijn naarmate je de relatie met jezelf meer respecteert.

Ik leer
bij mezelf te blijven, zelfs als
het beangstigend is.

14 oktober

Wees oprecht tegenover jezelf

Als je eerlijk bent, wil dat nog niet zeggen dat je precies moet zeggen wat je ieder moment voelt, of iedere gedachte die in je opkomt, moet melden. Het is zelfs niet goed iedereen alles van jezelf te vertellen. Om te beginnen betekent eerlijk zijn dat je oprecht bent tegenover jezelf. Dan kun je bewust kiezen of je dat wel of niet met iemand anders deelt. Hoe meer intimiteit en diepgang je in een relatie wilt, des te meer deel je. Als je niet precies weet wat je op een bepaald moment voelt, deel je alleen datgene waar je contact mee hebt, en geef je jezelf de tijd om het geleidelijk aan helder te krijgen.

Ik ben
eerlijk tegenover mezelf
en anderen.

Handel in overeenstemming met de waarheid

Als we er een gewoonte van maken iedere dag naar de waarheid in onszelf te luisteren, kunnen we beginnen in overeenstemming ermee te leven. We kunnen de waarheid spreken zoals we die ervaren. We kunnen in overeenstemming met de waarheid handelen als we die voelen. We kunnen naar onze eigen waarheid leven.

Vandaag
handel ik in overeenstemming
met mijn eigen waarheid.

16 oktober

Oprechte communicatie

Om zo effectief mogelijk met iemand te kunnen communiceren, moet je bereid zijn de ander je eigen gevoelens te vertellen, en niet alleen je oordeel over hem of haar geven. Dan is het waarschijnlijker dat de ander je zal horen. Bijvoorbeeld: 'Ik voelde me echt gekwetst toen ik aan het praten was en jij me onderbrak. Soms heb ik het gevoel dat je niet echt naar me luistert en dat doet flink pijn. Ik heb het gevoel dat ik niet belangrijk ben.' Dat is heel iets anders dan: 'Je bent gewoon een egoïst! Je luistert nooit naar iemand anders, en ik vind het hoog tijd dat je daar eens iets aan doet.'
Als je in staat bent op iemand te blijven reageren vanuit je eigen beleving en je kwetsbaar genoeg opstelt om je eigen gevoelens te uiten, is het gemakkelijker voor de ander te luisteren zonder in de verdediging te gaan.

Ik leer
mijn gevoelens oprecht te
uiten.

Kwetsbaarheid trekt hartelijkheid aan

Een van de sleutels tot een succesvolle relatie is leren je gevoelens te uiten vanuit kwetsbaarheid in plaats van vanuit een verdedigende of aanvallende houding.
Dat is heel moeilijk, want als je je kwetsbaar voelt, zijn alle instincten gericht op verdediging en aanval. Op dergelijke momenten lijken zelfs de mensen van wie je het meest in de wereld houdt opeens mogelijke vijanden, en wil je jezelf tegen hen verdedigen. Maar hoe kwetsbaarder je bent, des te ontvankelijker iemand anders zal zijn. En hoe meer je in staat bent vanuit een dieper deel in jezelf te laten zien wat je ervaart, des te waarschijnlijker zullen mensen erdoor geraakt worden. Ze zullen het kunnen horen, omdat je geen bestraffende vinger naar hen opsteekt of iets van hen verwacht. Kwetsbaarheid haalt mensen over en trekt medeleven en steun aan.

Ik ben in staat
mijn kwetsbaarheid te tonen
tegenover de mensen die ik vertrouw.

18 oktober

Communicatie versus kritiek

Waar trek je de grens tussen oprechte terugkoppeling en vernietigende kritiek? Je geeft niet ongevraagd je mening over iemands gedrag. Als je wilt reageren op iemand, is het goed eerst te vragen of die persoon het wil horen of niet. En geef echt de mogelijkheid ja of nee te zeggen.
Anderzijds, als iemand op jou wil reageren en je krijgt het gevoel dat je aangevallen gaat worden, zeg je nee.

Ik verdraag geen
vernietigende kritiek. Ik heb het recht
nee te zeggen of
weg te gaan.

Hoe je beschuldigingen herkent

Velen van ons zijn er zo aan gewend beschuldigingen te horen, zowel van anderen als van de criticus in onszelf, dat we ze niet eens meer als zodanig herkennen. Omdat het zo vertrouwd klinkt, denken we dat we dat het terecht is. Stel het kind in je niet open aan een aframmeling. Begin je gevoelens op te merken. Als je je schuldig en slecht over jezelf begint te voelen terwijl iemand tegen je praat, kijk dan eens naar hoe die persoon tegen je praat. Deelt hij of zij een ervaring met je, en de uitwerking daarvan, of zet die persoon uiteen wat er mis is met jou?
Steeds als iemand aangeeft wat er mis is met jou of je beschuldigt, verbergt die persoon zijn eigen kwetsbaarheid door je aan te vallen. We doen dat allemaal op zijn tijd. Maar we kunnen ook leren ons bewust te zijn van wanneer we dat doen, en leren naar een diepere plek te gaan om te zeggen wat we echt voelen.

Ik leer beschuldigingen herkennen.

20 oktober

Leer jezelf op een goede manier beschermen

Als je in een patroon leeft waarin je kritiek of beschuldigingen van anderen aantrekt, moet je leren jezelf op een goede manier te beschermen. Het is niet goed je door iemand verbaal, emotioneel of fysiek aan te laten vallen. Als iemand hardvochtige kritiek op je uitoefent, zeg dan: 'Dit voelt niet goed aan. Praat niet zo tegen me'. Als het niet ophoudt, verlaat dan het vertrek of het gebouw. Laat die persoon weten dat je bereid bent te luisteren naar de pijn en woede van de ander als ze op een niet-beschuldigende manier worden geuit, maar dat je niet bereid bent je te laten bekritiseren of aanvallen. We moeten leren het kind in ons op die manier te beschermen.

Ik ben in staat
grenzen aan te geven
om mezelf te beschermen.

Opbouwende kritiek

We zijn geneigd alles kritisch te bekijken en de dingen op te merken die niet goed zijn. We doen dat bij onszelf, bij iets wat we doen of scheppen, of bij wat anderen doen. Een heel sterke, onderscheidende kwaliteit is belangrijk. Maar vergeet niet, terwijl je kijkt naar wat er *niet* werkt, eveneens te kijken naar de dingen die *wel* werken. Herinner jezelf er bewust aan aandacht te schenken aan de positieve dingen, en jezelf en anderen te bevestigen voor de dingen die goed gedaan worden.

Ik herken
en waardeer de positieve aspecten
van iedere situatie.

22 oktober

Kritiek kan je verlammen

Veel leerkrachten bedienen zich van kritiek bij het lesgeven. Ze denken dat de manier om leerlingen iets bij te brengen is door heel streng en kritisch naar hen te zijn. Maar meestal gaat het kind in de leerling zich heel naar voelen. Als gevolg daarvan wil het niet leren en zich niet blootgeven. Om te kunnen leren moet je jezelf in een zeer kwetsbare positie opstellen door toe te geven dat je iets niet weet. Als het kind in zijn kwetsbaarheid getroffen is, zal het zich afsluiten. Bij veel mensen is de creativiteit en hun vermogen te leren verstikt door leerkrachten die niet wisten hoe ze les konden geven zonder kritiek. Het hoeft echt niet op die manier. Nu we volwassen zijn, kunnen we opnieuw contact maken met dat kind in ons dat ontmoedigd is geraakt, en het helpen op een positieve manier te leren door ervoor te zorgen dat het zich veilig, bemind en aangemoedigd weet.

Ik ondersteun het kind in mij
en moedig het aan.

Zorg voor je eigen behoeften

In onze maatschappij bestaat vooral bij vrouwen de neiging zich voor anderen op te offeren. In plaats van te zorgen voor onze eigen behoeften, doen we niets dan geven aan anderen. Als we dat doen, krijgen we uiteindelijk onbewust de rekening gepresenteerd. Daarop staat: 'Ik heb voor jou gezorgd, nu ben je me iets verschuldigd. Zorg nu voor mij'. Onze kinderen kunnen dan de last van die schuld de rest van hun leven meedragen.
Het is dus vooral als ouder belangrijk voor je eigen behoeften te zorgen. Als je dat redelijk kunt, kun je anderen de vrijheid schenken hun eigen leven te leiden. Je laat je kind zien hoe het verantwoordelijk kan leven door voor jezelf te zorgen in plaats van te verwachten dat anderen dat voor je doen. Het is nooit te laat je kinderen de vrijheid te geven door te leren beter voor je eigen behoeften te zorgen.

Vandaag zal ik me
bewust zijn van wat ik nodig heb,
en ik zal stappen ondernemen om aan
die behoefte te voldoen.

24 oktober

We hebben allemaal tijd nodig om alleen te zijn en om met anderen samen te zijn

We hebben allemaal dagelijks een bepaalde hoeveelheid tijd nodig om alleen te kunnen zijn. Het is belangrijk dat we onszelf die tijd ook gunnen, ongeacht hoeveel mensen er zijn die ons nodig hebben. (Het is zelfs zo dat als er veel mensen zijn die je nodig hebben, je waarschijnlijk meer dan de meeste anderen behoefte hebt aan tijd alleen!) Op die momenten kunnen we contact maken met wie we eigenlijk zijn en wat we eigenlijk nodig hebben. Het is een manier om contact te maken met ons eigen innerlijk weten.

Daarnaast hebben we behoefte aan het gevoel van intimiteit en contact met anderen. We hebben tijd nodig om alleen met onze partner te zijn om met onze vrienden door te brengen. We hebben tijd nodig om met onze kinderen door te brengen.

Ik herken mijn behoefte
om alleen te zijn en om samen te zijn.
Ik geef mijzelf beide, iedere dag.

Sta jezelf toe te ontvangen

We hebben allemaal een deel in ons dat het moeilijk vindt iets van anderen te ontvangen, omdat we daarmee toe zouden geven dat we iets nodig hebben. Dat zou ons blootstellen aan de ergste mogelijkheid – te worden afgewezen. Als je je door die angst laat beheersen en je bent je daar niet van bewust, zul je altijd onbewust om dingen vragen, en toch niet kunnen ontvangen wat iemand je zou willen geven.

Ben ik
bang om te
ontvangen?

26 oktober

Ontvangen is een uitdaging

Voor veel mensen in onze cultuur is het een grotere uitdaging zichzelf toe te staan te ontvangen en zich daar goed bij te voelen dan om te geven. Ontvangen is moeilijk omdat het ons in een kwetsbare positie brengt. Geven is in feite meer in trek omdat we ons daardoor sterk voelen.

Om te kunnen ontvangen moet je in contact zijn met je kwetsbaarheid, en je op je gemak voelen bij het deel van je dat iets nodig heeft. Je moet er geen moeite mee hebben dat iemand zich sterk en krachtig voelt in jouw aanwezigheid. Interessant genoeg blijkt er uit de ontvangende positie uitermate veel kracht uit te gaan in haar vermogen anderen kracht te geven. Als je wilt dat anderen zich goed voelen, sta hen dan toe jou iets te geven, en waardeer hen vervolgens voor wat ze je hebben gegeven.

Vandaag
oefen ik in het
ontvangen.

We hoeven niet volmaakt te zijn bij onze kinderen

Als ouders hebben we het gevoel dat we altijd alles onder controle moeten hebben. We hebben het gevoel dat we altijd bewust, liefhebbend en volwassen moeten zijn. Natuurlijk is dat menselijk gezien onmogelijk. En het is echt niet nodig.
Het grootste geschenk dat je je kinderen kunt geven, is echt, authentiek te zijn. Laat hen weten dat ook jij het moeilijk hebt met het leven, ook jij emoties en gevoelens hebt die kwetsbaar zijn. Dat wil niet zeggen dat je je kinderen met jouw problemen opzadelt, maar je kunt je eigen echte ervaringen met hen delen. Zeg het hun als je een moeilijke dag hebt, of je verdrietig of boos voelt, en laat hun weten dat het niet hun schuld is. Deel ook je momenten van geluk met hen. Je kunt eerlijk zijn tegenover hen.

Vandaag laat ik een beetje
de behoefte om volmaakt te zijn los.
Ik accepteer en deel mijn oprechte gevoelens.

28 oktober

Er zijn weinig voorbeelden

Er zijn weinig goede voorbeelden voor degenen onder ons die de weg van bewustwording volgen. Misschien zijn er mensen die een voorbeeld zijn voor verschillende aspecten van wat we willen, maar er zijn heel weinig mensen die een voorbeeld zijn voor ware integratie. Misschien vinden we wel geen enkel voorbeeld waarin alle kwaliteiten die we nodig hebben, verenigd zijn. Wellicht moeten we onze inspiratie ontlenen aan veel mensen die de verschillende delen van onszelf die we willen ontwikkelen, weerspiegelen. We moeten inzien dat we een voorbeeld zijn voor elkaar en voor de mensen die op de reis een paar passen achter ons aan komen.

Ik ontleen
inspiratie aan veel mensen,
en ik probeer veel anderen
te inspireren.

Zoek voorbeelden

Als je mensen kent die het soort relaties hebben dat jij wilt, of die met elkaar omgaan op een manier die je bewondert, laat hen dan jouw voorbeeld zijn. Laat hen je inspireren tot de overtuiging dat je kunt hebben waar je hart naar verlangt in een relatie. Maar zorg ervoor dat je verder kijkt dan de uiterlijke schijn, want relaties zijn zelden zo goed als ze aan de oppervlakte lijken. Maar als je mensen kent die waarachtige liefde, toewijding en contact hebben, bestudeer hen dan en leer van hen. Visualiseer en affirmeer dat bewust, want deze kwaliteit van relatie bestaat in de wereld. Jij kunt haar ook hebben. Sta er vervolgens voor open te leren hoe je je eigen relaties kunt verbeteren of de relaties kunt scheppen die je wilt.

Het is mogelijk
dat ik het soort relaties heb
dat ik wil.

30 oktober

Breng het licht in de duisternis

Wat veel mensen doen, vooral als ze zich op een of andere spirituele weg bevinden, is de wereld verdelen in licht en donker. We willen in het licht leven, en we willen niet de duisternis in. We proberen uit de duisternis in het licht te komen. Maar leven in het licht betekent in feite dat je het licht brengt in alle aspecten van het leven – inclusief de onbewuste plekken die duister zijn geweest.

Ik breng
het licht van bewustzijn
in alle aspecten van mezelf
en mijn leven.

Onderzoek je innerlijke huis

Stel je voor dat je een groot huis hebt. Je bewoont diverse vertrekken waar de ramen open staan en het licht naar binnen komt. Maar er zijn een paar achterkamers waar je nooit naar binnen gaat. Ze zijn donker en afgesloten omdat je denkt dat zich er iets angstigs of slechts bevindt.

In het bewustzijnsproces begin je, naarmate je over meer kracht, moed en liefde voor jezelf beschikt, een voor een die vertrekken te betreden en er licht in te brengen. En dan ontdek je alle verrukkelijke plekken in jezelf waarvan je niet wist dat je ze had. Uiteindelijk beschik je over het hele huis. Je kunt alle vertrekken ervaren, en elk vertrek heeft zijn doel. Zonder een van die vertrekken ervaar je niet alles van jezelf, of alles waar het in het leven om gaat.

Welke vertrekken
in mijn innerlijk huis betreed ik niet?
Zijn er enkele die ik nu zou kunnen
onderzoeken?

Bewijs eer aan de reis

Het bewustzijnsproces is een voortgaand iets. Het is een reis die een heel leven duurt. Het is niet gewoon een kwestie van een boek lezen, een paar affirmaties doen of een bepaald proces volgen en je hebt het helemaal voor elkaar in je leven. Veel leraren beloven dat wel, maar het wekt een onrealistische verwachting. Vooral op emotioneel niveau is er voor diepgaande heling een aantal jaren van gericht werken nodig. Verbazingwekkende veranderingen *kunnen* zich voordoen met behulp van een van de volgende middelen: creatief visualiseren, je intuïtie leren vertrouwen en volgen, voice dialogue toepassen. Tegelijkertijd is het een proces dat de diepte in gaat. We gaan laag voor laag en blijven gewoon leren, integreren, en worden steeds opener. Er is geen punt waarop het stopt. Er is geen punt waarop we 'klaar' zijn.

Ik respecteer
de weg waar ik me op bevind.
Ik bewijs eer aan de levenslange reis van
bewustwording.

Verlichting doet zich voor op vier niveaus

Bij de meeste mensen begint het proces van verlichting met een of andere spirituele ervaring, of we die nu wel of niet als zodanig herkennen. We hebben een opening naar de ziel, en op een of ander niveau voelen of herkennen we die. Dan worden we nieuwsgierig naar wat het betekent en beginnen we meer het mentale niveau van ideeën te onderzoeken. Op een bepaald punt worden we geconfronteerd met het emotionele niveau dat te maken heeft met het opruimen van de emotionele blokkades die we allemaal hebben, en het helen van de wonden die onze levenskracht ervan weerhouden vrij te stromen. Vervolgens kunnen we de ziel volledig in het fysieke lichaam brengen.

Ik onderzoek en
integreer alle vier niveaus –
spiritueel, mentaal, emotioneel en
fysiek.

3 november

Verdieping van inzicht

In het proces van bewustzijnsgroei doen zich veel verschillende niveaus van inzicht voor. Allereerst leer je een idee of een principe. Vervolgens moet je het een tijdje op je in laten werken. Het inzicht wordt dieper als je het op kleine schaal uitprobeert. Op dat moment word je je bewust van andere niveaus. Het is belangrijk dit proces zijn gang te laten gaan. Wees geduldig en wil niet alles tegelijk leren. En wees niet boos op jezelf als je ontdekt hoeveel je voorheen *niet* begreep. Waardeer jezelf voor alles wat je van dag tot dag leert.

Van dag tot dag
wordt mijn inzicht
dieper.

4 november

Sta jezelf toe te voelen

In onze maatschappij rust een enorm verbod op te veel voelen. We zijn bang te veel angst, pijn, verdriet of woede te voelen. Aan de andere kant zijn we ook bang te veel liefde, hartstocht of vreugde te voelen. Uiteindelijk drukken we slechts een klein deel van het scala van gevoelens uit, en komen niet in de uitersten. Dat weerhoudt ons ervan het leven volledig te ervaren.

Ik leer
al mijn gevoelens
ervaren.

5 november

Emotionele heling

Voor veel mensen is het beangstigend de heling van het emotioneel niveau van hun wezen onder ogen te zien. Het is het niveau waar mensen zich het sterkst tegen neigen te verzetten. Nieuwe ideeën op mentaal niveau onderzoeken is niet moeilijk voor ons, omdat we in zo'n mentale maatschappij leven. Het is tamelijk veilig. Het verwart ons niet al te zeer. En veel mensen volgen nu een spirituele weg in de hoop 'verlicht' te raken zonder hun schaduwkant onder ogen te hoeven zien.
Maar slechts heel weinig mensen weten hoe je aan ware emotionele heling kunt werken. Zelfs onder therapeuten, helers en trainers zijn er verbazingwekkend weinig mensen die echt begrijpen hoe je anderen kunt begeleiden in hun emotioneel proces van helen. Want om anderen te kunnen leiden, moeten ze zelf dat proces doormaken! Maar diepe emotionele heling is onontbeerlijk om een bewust mens te worden.

Ik ben bereid te werken
aan mijn emotionele heling.

Hoe je een begin kunt maken met het helen van het emotioneel niveau

Om te beginnen aan de heling op emotioneel niveau moeten we het risico nemen te kijken naar wat er in ons leven niet goed loopt. Het universum laat ons door de probleemgebieden in ons leven zien waar we aan moeten werken. Dat zou van alles kunnen zijn: onze fysieke gezondheid, problemen met gewicht, relaties, financiën, verslaving, of een probleemkind. En dan moeten we bereid zijn diep te graven om in contact te komen met de gevoelens die in verband staan met die probleemgebieden. We kunnen die gevoelens niet uit de weg gaan. Als we eenmaal bereid zijn open te staan voor wat elke situatie in ons leven ons leert, kan ons helingsproces beginnen.

Wat loopt er niet goed in mijn leven? Waar moet ik aan werken om mijn emotioneel helingsproces in gang te zetten? Ik ben bereid het risico te nemen daar naar te kijken.

7 november

Verandering en groei onder ogen zien

Ieder van ons heeft een deel dat wil veranderen en groeien. Dat deel van ons is bereid te doen wat nodig is om bewust te worden. Anderzijds hebben we allemaal een deel dat bang is voor verandering. Dat is het behoudend aspect van onze psyche dat ons wil beschermen tegen onbekende gevaren. Dat deel gelooft dat, omdat we het tot nu toe gered hebben, het veiliger is de dingen te blijven doen zoals we ze altijd hebben gedaan, in plaats van een echte verandering te riskeren. Deze beide aspecten van het ik dienen te worden gerespecteerd. Het ene inspireert groei en brengt ons verder; het andere weerhoudt ons ervan te snel te gaan en de richting kwijt te raken of overdonderd te raken. Soms kan dat je een gevoel geven van innerlijke strijd. De truc bestaat erin die beide delen te respecteren en een evenwichtig groeitempo te vinden waar ze beide mee kunnen leven.

Ik groei
en verander in een tempo dat aangenaam
en opwindend is.

Angst voor zelfkennis

De meeste mensen kiezen er onbewust voor hun eigen gedachten en gevoelens in zekere mate te verdringen. Het kan beangstigend zijn naar binnen te kijken en jezelf echt te leren kennen. De angst bestaat dat je tot de ontdekking komt dat je een onvolmaakt mens bent, of dat zich in de diepte van je wezen een of ander duister geheim bevindt.
Eén ding kan ik je garanderen – er is niets mis met je. Je bent een prachtig, krachtig wezen dat misschien niet genoeg liefde en steun heeft ontvangen, opdat je kon leren echt van jezelf te houden. In mijn eigen groeiproces en bij duizenden mensen met wie ik heb gewerkt, heb ik altijd bemerkt dat het helend en bevrijdend is de waarheid onder ogen te zien. Het diepste geheim van alles is dat je uniek en volmaakt bent.

Ik ben
bereid mezelf op alle niveaus
te leren kennen.

Alle wonden kunnen worden geheeld

Als je de angst voor zelfkennis onder ogen ziet, is het belangrijk te weten dat alle wonden kunnen worden geheeld. De emotionele pijn die we allemaal met ons mee dragen, kan worden losgelaten door het proces van diep in onszelf te kijken, onze gedachten, gevoelens en ervaringen in te zien en te erkennen, en onszelf toe te staan onze verborgen emoties te voelen en te uiten. Om dit soort diepgaande heling tot stand te kunnen brengen, zijn er drie ingrediënten nodig. In de eerste plaats moet je bereid zijn het werk te doen, wat er ook voor nodig is. Vervolgens moet je de juiste steun krijgen van de omgeving of de mensen die je nodig hebt om je in het proces bij te staan en je de ruimte te geven het door te maken. Ten slotte moet je de tijd nemen die nodig is om door de vele lagen van je psyche heen te gaan, meestal een paar jaar. Maar het is zeker de moeite waard ware vrijheid te ervaren.

Ik geef mezelf
de toewijding, steun en tijd
om heel en vrij te worden.

Onze schaduw

Onze schaduw is dat deel van onszelf, die energie in ons, of dat aspect van ons wezen of onze persoonlijkheid dat we niet heben onderkend, geaccepteerd en tot uitdrukking gebracht als een natuurlijk onderdeel van ons dagelijks leven. Net als onze schaduw op een zonnige dag volgt ze ons overal naar toe. We raken haar niet kwijt door haar te negeren of te wensen dat ze weggaat. Ze is waarlijk een deel van ons dat verlangt naar onze liefde en acceptatie, dat ons overal volgt, totdat we er acht op slaan en er iets aan doen.

Welke delen van mij
hebben in mijn leven misschien meer
acceptatie
en uitdrukking nodig?

11 november

Ontmoet je schaduw

Je schaduw bestaat uit alle natuurlijke energieën die je hebt onderdrukt of ontkend. Energieën die lange tijd zijn onderdrukt, bouwen een heleboel ingehouden kracht op, en het kan heel beangstigend zijn die onder ogen te zien. Maar in wezen zijn het allemaal natuurlijke en noodzakelijke energieën die we nodig hebben om een succesvol leven te kunnen leiden. Om toegang tot deze energieën te krijgen, moeten we een manier zoeken om bekend te raken met onze schaduwkant.

Ik ben bereid
me bewust te worden van
mijn schaduw.

Accepteer je schaduw

Je schaduw is ontstaan door hetgeen voldoende is afgekeurd door je gezin, gemeenschap of cultuur. Voor sommige mensen kan hun schaduw agressie zijn, als hun natuurlijke, gezonde agressieve geaardheid in hun jeugd is onderdrukt. Ze zullen moeten leren hun natuurlijke agressie te accepteren – een kwaliteit om dat wat je in het leven wilt, na te streven. Voor anderen kan de schaduw kwetsbaarheid zijn, als de uitdrukking van deze kwaliteit in hun gezin werd afgekeurd. Ze moeten leren hun natuurlijke, menselijke behoeften en afhankelijkheid te accepteren. Voor veel mensen in onze cultuur is onze natuurlijke sensualiteit of seksualiteit onderdrukt en een deel van onze individuele en collectieve schaduw geworden. Door al die aspecten van onszelf te accepteren kunnen we gezonde, hele, vervulde mensen worden.

Ik leer
alle aspecten van mezelf
te accepteren en in te sluiten.

13 november

De familieschaduw

Je kunt vaak zien hoe de schaduw binnen gezinnen werkt. Een van de kinderen wordt de rebel of zondebok en begint alle onderdrukte energieën voor iedereen in het gezin uit te spelen. Hij of zij draagt de schaduw voor het hele gezin. Dat kind begint zichzelf te haten en de schuld te geven, en de rest van het gezin beschuldigt ook of probeert te helpen. Op die manier hoeven ze hun eigen knelpunten niet onder ogen te zien. Als de zondebok een helingsproces door begint te maken en die rol niet langer speelt, worden de andere leden van het gezin geconfronteerd met het integreren van hun eigen schaduw.

Draag ik,
of iemand anders in ons gezin,
de schaduw voor
anderen?

De collectieve schaduw

Je kunt de collectieve schaduw aan het werk zien steeds als een sociale groep of natie haar onderdrukte energieën op een ander ras, andere etnische groepering of ander land projecteert en tot een gevreesde vijand maakt. Als je geen vijand hebt, heb je niemand om je duistere kant op te projecteren en moet je jezelf onder ogen komen. Dat kan pijnlijk en moeilijk zijn. Het is veel gemakkelijker een rassenconflict of een koude of echte oorlog te beginnen.
Om onze persoonlijke en collectieve conflicten op te lossen moeten we bereid zijn in onszelf te kijken en aan onszelf toeschrijven wat we op anderen projecteren.

Terwijl ik alle
aspecten van mezelf accepteer en integreer,
heel ik de collectieve
schaduw.

15 november

Visualisatie kun je niet gebruiken om te onderdrukken

Visualisatie is een krachtig middel om een positieve verandering in je leven te scheppen als je haar juist toepast. Maar je kunt visualisatie niet gebruiken om de onderdrukking van aspecten van jezelf te bestendigen. Dat zal niet werken. Je kunt je niet gewoon op het positieve richten of op die dingen die je fijn vindt in het leven, die al lekker lopen en die je kunt accepteren, terwijl je de dingen die je niet fijn vindt of niet wilt, probeert kwijt te raken. Zo werkt het universum niet.

Het leven confronteert ons altijd met datgene waar je niet mee aan de gang wilt, totdat je het kunt accepteren. Visualisatie is bedoeld om je te helpen meer open te staan voor het leven, niet om iets af te sluiten.

Visualisatie
helpt me open te staan voor alle aspecten
van mezelf en het leven.

Oordelen

Veel mensen in de spirituele beweging doen hun uiterste best niet te oordelen. We zien in hoe ons oordeel ons scheidt, en dat is pijnlijk. Maar door te proberen geen oordeel te vellen, sluiten we alleen het deel van onszelf af dat een oordeel heeft. We kunnen het niet laten verdwijnen. Het is een afweerreactie die te maken heeft met iets waar we bang voor zijn, iets wat we nog niet begrijpen, of met de keren dat we op de een of andere manier onszelf niet hebben geuit.

Proberen niet te oordelen is gewoon een manier om een deel van jezelf te onderdrukken. In feite heb je een oordeel over dat deel van jezelf dat oordeelt! Onderken en accepteer in plaats daarvan dat deel van jezelf, kijk vervolgens wat er de oorzaak van is dat het te voorschijn komt.

Ik accepteer
mijn oordelende ik
als een deel van mezelf.

Alles wat we doen, heeft een doel

De enige reden waarom we iets doen, is omdat het de beste manier is die we tot nu toe hebben kunnen ontdekken om aan onze behoeften te voldoen; onze overleving veilig te stellen, succes te hebben, of ons het gevoel te geven dat het leven de moeite waard is. Helaas hebben de meeste manieren die we zo onbewust hebben ontdekt om aan onze behoeften te voldoen en voor onszelf te zorgen ook enkele zeer nadelige effecten. Daarom moeten we de onbewuste manieren om onszelf te koesteren en te overleven vervangen door bewuste manieren die positiever zijn en uiteindelijk veel meer effect sorteren.

Ik leer
bewuste manieren om voor mezelf
te zorgen.

Waardeer je oude patronen

Waardeer alle patronen voor wat ze voor je hebben betekend. Het was de beste manier die je gezien je achtergrond en ervaring in het leven tot nu toe hebt kunnen vinden om te overleven en voor jezelf te zorgen. Het is belangrijk dat je ze allemaal waardeert voor wat ze voor je hebben betekend, ongeacht hoe negatief ze lijken. Begin met te kijken naar wat ze je hebben gegeven, waar ze je mee hebben geholpen, waar ze je tegen hebben beschermd. Nu je ze begint te ontgroeien, word je je er meer van bewust, en beginnen ze heel beperkend en onaangenaam te voelen. Maar naarmate je ze begint los te laten en naar meer gepaste manieren om dingen te doen transformeert, bedank je ze. Het zijn net oude vrienden die je op dit punt in het leven hebben gebracht.

Ik waardeer mijn oude patronen
omdat ze me tot op dit punt hebben gebracht.
Ik ben bereid degene die ik niet meer nodig heb, los te laten en te transformeren.

Je hebt nodig wat je nodig hebt

Soms is het moeilijk toe te geven dat je je oude patronen nodig had. Misschien heb je kritiek op jezelf vanwege bepaalde manieren waarop je in het verleden het leven hanteerde. Maar als een kind voedsel nodig heeft om te overleven, heeft het geen zin tegen dat kind te zeggen: 'Dat eten zou je niet nodig moeten hebben. Welnu, het kind in ons heeft behoefte aan een bepaalde mate van veiligheid, koestering, aandacht, enzovoort, waaraan moet worden voldaan. Onze verdringing, onze verslavingen en al onze andere gewoontepatronen zijn manieren waarop we onbewust hebben geprobeerd aan de behoeften van het kind in ons te voldoen.
Nu wordt het tijd onszelf te vergeven voor de manier waarop we hebben getracht in het verleden aan onze behoeften te voldoen, en nieuwe manieren te leren die echt werken.

Ik vergeef mezelf
mijn oude gewoonten en patronen.
Nu leer ik positieve, effectieve manieren
om aan mijn behoeften te voldoen.

Er zijn altijd moeilijke tijden

Op de reis naar bewustzijn komen we onvermijdelijk perioden van moeilijkheden en verwarring tegen. Vaak nemen we onszelf die perioden kwalijk. We geven onszelf een aframmeling omdat we vinden dat we het al allemaal voor elkaar zouden moeten hebben.
We begrijpen niet dat steeds als we een dieper niveau van inzicht bereiken, er een periode van verwarring volgt. Vaak komen er op die momenten pijnlijke of beangstigende emoties naar boven. Maar iedere moeilijke periode wordt beloond met een ware verruiming en verdieping van bewustzijn. Naarmate we leren dat dit een voortdurend proces is, en ermee ophouden op ieder moment volledig inzicht te verwachten, kom je steeds gemakkelijker door die perioden van verwarring heen.

Ik heb geduld met mezelf
als ik een moeilijke tijd doormaak.
Ik weet dat ook die voorbij gaat,
en ik zal worden beloond
met meer inzicht.

Behandel jezelf als een vriend(in)

Als je bemerkt dat je jezelf op de kop wilt geven over iets, is er een heel eenvoudige techniek waardoor je milder kunt worden. Doe alsof je je beste vriend(in) bent. Hoe zou je tegen je vriend(in) praten? Je zou nooit tegen je beste vriend(in) de dingen zeggen die je tegen jezelf zegt. Je zou nooit iemand behandelen zoals je jezelf behandelt. Je zou toch niet zo tegen iemand praten van wie je houdt? Geef jezelf het medeleven, de vriendschap en steun die je aan iedereen om wie je geeft, zou geven.

Ik ben
mijn eigen beste
vriend(in).

22 november

Groei is cyclisch

Groei is een cyclisch proces. Steeds als je een moeilijk stadium doormaakt, ervaar je een duistere nacht. Vervolgens wordt het ochtend en voelen de dingen een tijdlang goed en gemakkelijk aan. Je hebt het licht van inzicht. Vervolgens krijg je een nieuwe uitdaging onder ogen. Dit kan zich op een dagelijkse, wekelijkse, maandelijkse of jaarlijkse basis voordoen.
Het is goed te weten dat je in die perioden, wanneer je het gevoel hebt dat je niet weet wat je doet, een cyclus doormaakt. Het is een deel van het proces.

Ik vertrouw
op het proces van
groei.

23 november

Wees verward

Als je een periode van verwarring doormaakt, blijf daar dan in. Sta jezelf toe je enigszins verward, gedesoriënteerd te voelen of het gevoel te hebben dat je vastzit. Soms moet je een tijdje met die gevoelens blijven zitten. Dat is prima. Keer in jezelf en vraag om leiding. Vraag om wat je geacht wordt te leren. Laat jezelf leiden naar mensen of situaties die je kunnen helpen. Geleidelijk aan zul je er uit komen. Het is altijd de moeite waard. Als je eenmaal terugkijkt op een verwarrende periode, zul je kunnen zien wat je er mee gewonnen hebt.

Het is prima
me verward te voelen.
Ik word geleid naar
wat ik nodig heb.

Blijf bij het proces

Als je verward bent, is het niet gemakkelijk bij het proces te blijven. Een deel van je wil dit en een deel van je wil dat. Je wilt voor eens en voor altijd een beslissing nemen, tot een conclusie komen. Maar als je al die verschillende gevoelens in jezelf vast kunt houden en je ervan bewust bent – in conflict, verward, onzeker bent – zal de zekerheid vanuit een diepe plek in jezelf komen. Je eigen innerlijke waarheid zal je leiden. Maar als je probeert dit proces te onderbreken, zul je jezelf de mogelijkheid onthouden die plek van zekerheid te bereiken.

Ik ben bereid
lang genoeg bij mijn verwarring
en conflict te blijven om een diepere waarheid
boven te laten komen.

25 november

Vergeet niet vertrouwen te hebben

Steeds als je een cyclus in het groeiproces doormaakt, krijg je een beetje meer vertrouwen. Maar als je in de war bent, is het moeilijk je iets te herinneren. Het is moeilijk je te herinneren dat je het al eerder hebt doorgemaakt, en dat de verwarring niet een blijvende toestand is. Op een diep niveau heb je misschien wel dat vertrouwen, maar op een ander niveau zeg je: 'God, waarom voel ik me zo? Ik begrijp niet wat er aan de hand is'. Herinner jezelf er bewust aan dat verwarring er bij hoort. Op een bepaald punt zul je duidelijkheid hebben. Je zult tot inzicht komen en een groot geschenk uit deze ervaring ontvangen.

Ik vertrouw erop dat er
in wat ik ervaar een geschenk zit.
Uit deze ervaring zullen helderheid en inzicht bovenkomen.

We hebben tijd nodig om om te schakelen

Als we grote veranderingen in ons leven doormaken, hebben we vaak een periode nodig waarin we niet veel doen. Dat kan variëren van een paar minuten tot uren, dagen, maanden of soms zelfs jaren. Dat is de tijd van innerlijke verandering en groei, en niet een periode waarin je naar buiten bent gericht. Als we ons in dat stadium bevinden, nemen we het onszelf vaak kwalijk. 'Wat is er met me aan de hand? Er komt niets uit mijn handen. Ik heb 's morgens zelfs geen zin om op te staan.' Als je iemand bent die een leven heel productief is geweest en zichzelf voortdurend heeft opgejaagd, kan het zijn dat je een periode van ontspanning, zijn, loslaten en gewoon innerlijk veranderen doormaakt. Het is geruststellend tegen jezelf te zeggen: 'Ik heb hard gewerkt en veel in mijn leven gedaan. Nu wordt het tijd om te rusten en mezelf weer op te laden.'

Ik neem de tijd
die ik nodig heb om een innerlijke
overgang door te maken.

27 november

De spiraalvormige reis

De bewustzijnsreis is in feite een spiraal. We gaan voortdurend door hetzelfde gebied, maar elke keer komen we op een dieper niveau. Onze patronen zijn daar in de grond aanwezig. We verwerken en helen ze steeds op een ander niveau. Als je bemerkt dat je steeds dezelfde les tegenkomt, denk dan niet dat je het de eerste keer niet hebt geleerd. Weet dat je een reiziger bent die een spiraal volgt naar huis.

Mijn reis
is een spiraal. Ik waardeer iedere les
intenser naarmate ik nieuwe niveaus
beleef.

Er bestaan drie soorten angst

Er zijn drie verschillende angstervaringen. De eerste is als er werkelijk gevaar bestaat en je intuïtie je waarschuwt: 'Ga daar niet heen. Doe dat niet. Dit is niet goed.' Respecteer dat gevoel volledig en handel ernaar. De tweede is wanneer er iets is wat niet echt gevaarlijk is, maar een uitdaging vormt op emotioneel niveau. Het kind in je is er bang voor. Wacht lang genoeg om het bange kind gerust te stellen, kijk wat er nodig is en zie erop toe dat je voor jezelf zorgt. Als je kind dan zover is, kun je het vervolgens doen. De derde is wanneer je weet dat je eraan toe bent iets te doen, maar het beslist een uitdaging is. De angst is een tijdelijke reactie die je lichaam en psyche ervaren als gevolg van de opwinding van het nieuwe niveau van bezieling. Herken de angst als de keerzijde van opwinding en ga er mee door.

Ik leer
mijn angst respecteren.
Vervolgens besluit ik welke actie
ik onderneem.

29 november

Onvoorwaardelijke liefde

De hogere intelligentie van het universum houdt onvoorwaardelijk van ons allemaal, en als we daar contact mee hebben, ervaren we een moment van onvoorwaardelijke liefde. Maar menselijke liefde is voorwaardelijk. Ze hangt samen met de behoeften en wensen van het kind in ons. Als je probeert onvoorwaardelijk lief te hebben, probeer je je menselijke zelf te onderdrukken en te ontkennen, en je alleen te identificeren met je spirituele zelf. We moeten ons spirituele zelf onvoorwaardelijk van ons menselijke zelf, dat niet onvoorwaardelijk liefheeft, laten houden. Op de allereerste plaats moeten we leren houden van onze eigen ervaringen en ons eigen proces. Leer je eigen persoonlijkheid accepteren met alles wat ze voelt, inclusief woede, haat, egoïsme, kritiek en alle andere gevoelens die een onderdeel zijn van de menselijke ervaring. Je kunt van anderen slechts houden in de mate waarin je van jezelf houdt en jezelf accepteert. Zo is het nu eenmaal.

Ik leer onvoorwaardelijk
van mezelf te houden.

Verlichting van de vorm

Het traditionele idee van verlichting is het openstaan voor onze verbinding met de ziel, en de menselijke vorm transcenderen. Dat is niet mijn idee van verlichting. Opnieuw contact maken met het licht van de ziel is slechts de eerste stap. De ware uitdaging bestaat erin onze spirituele energie volledig in onze menselijke vorm te integreren, zodat we op een verlichte manier op de planeet aarde kunnen leven.

Ik ben
op weg naar
verlichting.

1 december

Wat is onze visie op de toekomst?

Als we eerlijk zijn, voelen we ons, als we aan de toekomst denken, hoopvol en opgewonden, maar ook bezorgd, verward en angstig. Op een diep niveau kunnen we zelfs wanhoop ervaren.

We leven in een tijd vol potentie. Het is zowel de meest beangstigende als de meest uitdagende periode in de geschiedenis van de mensheid. Het is ook de meest opwindende en meest hoopvolle tijd die er ooit heeft bestaan. Het is geen toeval dat we allemaal hebben gekozen op dit moment hier op aarde te zijn. Alleen door ons bewust te zijn van onze gevoelens over de toekomst, de negatieve zowel als de positieve, kunnen we de veranderingen aanbrengen die we aan willen brengen.

Wat is mijn visie op de toekomst?

De wereld bevindt zich in een helende crisis

Pas als we in ons leven een crisis doormaken, gaan we op zoek naar de waarheid. We maken nu op planetair niveau zo'n soort crisis door. We verruimen ons bewustzijn, en dus passen de oude vormen niet meer. Ze storten daadwerkelijk in.

Alle dingen die we in het verleden niet konden hanteren, beginnen nu aan de oppervlakte te komen. Dat kan heel griezelig lijken, omdat we nu dingen onder ogen kunnen zien waar we vroeger geen zicht op hadden. We moeten ons bewust worden van wat niet werkt, voordat we ons bewust kunnen worden wat we er aan moeten doen.

Ik zie
het proces van heling in mijn eigen leven
en in de wereld.

3 december

Verandering komt vaak door een crisis

Meestal als de dingen in ons leven instorten, beseffen we pas dat er een andere manier moet zijn om de dingen te doen. We moeten wakker worden geschud. In het begin is dat heel beangstigend. Het lijkt een ramp, maar het zet de deur open die ons toegang verschaft tot een dieper niveau van inzicht, bewustzijn en groei. Allemaal maken we steeds opnieuw dit proces door. Zodra we onszelf op het ene niveau hebben geheeld, gebeurt er iets anders waardoor we op het volgende niveau terechtkomen.

Ik ben bereid
van elke ervaring
te leren.

De dingen lijken het ergst vlak voordat er een verbetering optreedt

Als de dingen er op hun ergst uitzien, is het een troost te beseffen dat dat komt omdat je eindelijk iets hebt waar je ze mee kunt vergelijken! Eindelijk beschik je over een inzicht dat, of een ervaring die je vertelt dat het leven *echt* beter kan dan zo, dat er een andere manier is. En dan is de volgende stap je om te draaien en alle aspecten in je leven die nog niet zijn geheeld, nog niet in harmonie zijn, nog niet zijn geïntegreerd en nog niet werken, onder ogen te zien.

Ik heel
mezelf op een steeds dieper
niveau.

Ware heling

Ware heling komt voort uit het onderkennen en accepteren van alle levensenergieën in onszelf. Als we onszelf toestaan de kanten van onszelf te leren kennen die we hebben verdrongen, ontdekken we dat ze niet zo beangstigend zijn als we hadden gedacht. Als ze allemaal tot uitdrukking mogen komen, nemen ze hun plaats in als een belangrijk facet van onze aard. Er is geen scheiding tussen 'goed' en 'kwaad'. Alle aspecten van het leven zijn elementen van de levenskracht en facetten van het goddelijke.

Ik accepteer
alle kanten van
mezelf.

Verbind jezelf met het proces van helen

In deze wereld leven we tegelijkertijd in vier werelden: de spirituele, mentale, emotionele en fysieke wereld. Teneinde onszelf en de wereld goed te kunnen begrijpen moeten we alle vier niveaus helen, integreren en in evenwicht brengen. Nu is de tijd aangebroken voor ieder van ons zich te verbinden met zijn of haar eigen heling en de heling van onze planeet.

Ik verbind
mezelf met de weg
van heling

7 december

Het spiritueel niveau helen

De meesten van ons ervaren tegenwoordig een totale scheiding van het spirituele zelf in ons en de universele bron. Dit veroorzaakt een onderliggend gevoel van leegte en zinloosheid in ons leven, dat we op veel vruchteloze manieren proberen te vullen. Spirituele heling doet zich voor als we opnieuw bewust contact maken met ons spirituele wezen en ervaren dat we vervuld zijn van de ziel in ons.

Ik heel
het spiritueel niveau
van mijn wezen.

Het mentaal niveau helen

We hebben allemaal veel gedachten, ideeën en overtuigingen die, hoewel ze ons in het verleden misschien een dienst hebben bewezen, nu ons potentieel om ons bewustzijn te verruimen beperken. Mentale heling geschiedt als we overtuigingen die ons niet langer van dienst zijn, onderkennen en geleidelijk aan loslaten, en nieuwe ideeën onderzoeken die een vollediger uitdrukking van alles wat we zijn, ondersteunen. Ook zijn er mensen die hun intelligentie hebben verdrongen door ervaringen uit hun kinderjaren, kritiek of een ander emotioneel trauma. Mentale heling kan dus ook inhouden het opnieuw opeisen van je oorspronkelijke intelligentie.

Ik heel
het mentaal niveau
van mijn wezen.

9 december

Het emotioneel niveau helen

Om onszelf op emotioneel niveau te kunnen helen moeten we opnieuw contact maken met onze onderdrukte emoties uit het verleden, hen in ons gevoel toelaten en loslaten. We kunnen leren al onze gevoelens spontaan, volledig en vrij te accepteren en ervaren. Emotionele heling houdt in dat we in contact zijn met onze kwetsbaarheid, en leren er in relaties en in de wereld bewust en goed voor te zorgen en haar te beschermen.

Ik heel
het emotioneel niveau
van mijn wezen.

Het fysiek niveau helen

Onze moderne beschaving moedigt ons over het algemeen niet aan ons fysiek lichaam te respecteren of er gevoelig voor te zijn. De meesten van ons hebben zelfs heel weinig contact met onze ware fysieke behoeften. Fysieke heling vindt plaats als we opnieuw leren ons lichaam te voelen en ernaar te luisteren. Ons lichaam spreekt duidelijke en specifieke taal; naarmate we leren reageren op de behoeften van ons lichaam, raken we afgestemd op onze eigen natuurlijke ritmen en die van de aarde.

Ik heel
het fysiek niveau
van mijn wezen.

11 december

Alle niveaus beïnvloeden elkaar

Alle vier niveaus van zijn staan in nauw contact met elkaar en beïnvloeden elkaar. Terwijl we het ene niveau helen, dragen we eveneens bij aan het proces van helen op alle andere niveaus. Het versterken van onze spirituele verbondenheid geeft ons bijvoorbeeld inspiratie en kracht om diepe emotionele heling onder ogen te zien. Terwijl we ons emotioneel werk doen, laten we ook geblokkeerde energieën op mentaal en fysiek niveau los. En hoe meer we zijn afgestemd op ons fysieke lichaam, des te meer energie voelen we op alle andere niveaus. We kunnen het proces op ieder niveau beginnen, en de diverse niveaus op een ander tijdstip in ons leven onderzoeken. Het uiteindelijke doel is de integratie van alle niveaus.

Ik integreer
alle niveaus van mijn
wezen.

Groei is een proces voor het leven

Veel mensen die zich met persoonlijke groei bezig houden, denken dat het allemaal heel eenvoudig is – je hoeft alleen maar je gedachten te veranderen, een bepaalde techniek toe te passen, en alles komt in orde. Mensen denken echt dat als ze gewoon die specifieke weg of methode konden volgen, alles goed zou werken. En als dat dan niet het geval blijkt te zijn, nemen ze het zichzelf kwalijk.
Die overtuiging is gewoon bijzonder naïef. We maken een enorm transformatieproces door. We spitten door talloze lagen heen. We transformeren de manier waarop mensen eeuwenlang hebben geleefd en zich gedragen. We kunnen niet gewoon een paar affirmaties doen of een eenvoudige techniek volgen en het allemaal voor elkaar hebben. Groei is een proces voor het leven.

Ik verwelkom
een leven van groei
en ontdekking.

13 december

Een verbinding voor het leven

Verandering gebeurt niet van de ene op de andere dag. Individuele stappen op de weg van bewustzijn kunnen heerlijk gemakkelijk zijn, en sommige lijken wonderbaarlijk, maar de reis bestaat uit heel veel stappen. En de reis als geheel is niet gemakkelijk. Het zal niet zo zijn dat we een punt bereiken waarop we 'klaar' zijn. Het is belangrijk te erkennen dat we een verbinding voor het leven zijn aangegaan om te helen en bewust te worden.

Ik verbind mezelf
tot een reis van helen en bewustwording
voor het leven.

Je hebt je eigen tempo

Bewustzijn is een zich steeds verdiepend, verruimend proces waar nooit een einde aan komt. Gelukkig wordt het gemakkelijker en loont het steeds meer de moeite. Maar soms wordt het moeilijker voordat het gemakkelijker wordt. Soms moeten we een diepgaand emotionele heling doormaken voordat het beter begint te voelen.

Waar je je ook in het proces bevindt, verlies de moed niet. Iedereen heeft een eigen tempo. Heb niet het gevoel dat het te lang duurt of dat je het vlugger had moeten doen. Het hangt sterk af van de individuele levenservaringen. Sommige mensen hebben in hun jeugd meer pijn en trauma's ervaren dan anderen, en derhalve kan de diepgang en de omvang van hun proces van helen groter zijn. Maar het goede hieraan is dat de diepgang van je eigen helingsproces bepalend is voor wat je anderen te bieden hebt in hun helingsproces.

Ik respecteer
mijn eigen proces. Ik hoef me
niet te haasten.

15 december

We hebben andere mensen nodig

In onze maatschappij heerst sterk de overtuiging dat we in staat moeten zijn alles zelf te doen. We behoren helemaal voor onszelf te moeten kunnen zorgen. De meesten van ons hebben dat echt voor waar aangenomen, en voelen zich schuldig dat ze andere mensen of contact, liefde, steun, enzovoort, nodig hebben. We onderdrukken onze behoeften aan afhankelijkheid en proberen dapper te doen alsof we sterk zijn en alles onder controle hebben. We verbergen zelfs onze behoeften voor onszelf. Maar het is onmogelijk voor de meeste mensen een bevredigend, vervullend leven te leiden zonder diep contact en onderlinge afhankelijkheid met andere mensen. We hebben beslist de steun en weerspiegeling van anderen nodig op onze reis van heling en bewustwording.

Ik heb
liefde en steun van anderen
nodig.

Co-afhankelijkheid versus onderlinge afhankelijkheid

Co-afhankelijkheid is de onbewuste afhankelijkheid die zich voordoet als we onze behoeften aan anderen niet onderkennen en accepteren. Onderlinge afhankelijkheid is de bewuste erkenning dat we elkaar nodig hebben.
Het is heel belangrijk de behoefte aan verbinding en contact tussen mensen te onderkennen. We hebben niet alleen behoefte aan een intieme relatie met onze partner, ons gezin en intieme vrienden, maar we hebben ook behoefte aan een gevoel van verbondenheid met een grotere familie, stam of gemeenschap. We hebben het gevoel nodig dat we bij een grotere groep horen. Uiteindelijk hebben we het nodig ons een deel van de hele familie van de mensheid te voelen, en ons verbonden te voelen met alle wezens op aarde.

Hoe kan ik
me openstellen om een groter
gevoel van verbondenheid met
medeschepselen te ervaren?

17 december

Wij zijn de helende generatie

De meesten van ons die zich op de weg van bewustwording bevinden, brengen het grootste deel van ons leven door met helen. Op dit tijdstip in de geschiedenis worden ongezonde patronen die al eeuwenlang zijn doorgegeven, geheeld. We verbinden onszelf dit te doen, opdat onze kinderen niet hetzelfde hoeven te doen. Ze zullen in staat zijn te doen waarvoor ze hier zijn gekomen. Dit is ons aandeel in het evolutionair proces, en we zouden onszelf erom moeten waarderen.

Ik erken en
waardeer mijn aandeel in het helen
van de volgende generatie.

Jouw proces van heling helpt anderen

Of je nu wel of niet als heler of hulpverlener werkt, alleen al je eigen proces van helen doormaken is een inspiratie en hulp voor iedereen met dezelfde problemen als jij. Anderen helpen maakt onvermijdelijk deel uit van dit proces; het is niet iets waar je moeite voor hoeft te doen. Op de een of andere manier geef je vanzelf door wat je hebt geleerd. Het is een onderdeel van het volbrengen van je eigen proces van helen. Je zult bemerken dat zich in je omgeving mensen bevinden die met dezelfde kwesties te maken hebben, of je trekt mensen met soortgelijke problemen aan. Je zult bemerken dat je je ervaringen deelt, of misschien praat je er nooit over. Het is gewoon zo dat je levenservaring aanwezig is in je energieveld. Andere mensen voelen dat, ze hebben er baat bij en ze ondergaan een verandering in hun leven door het contact met jou of het bij jou in de buurt zijn.

Door mezelf te helen,
help ik anderen zichzelf te helen.

Jouw proces van helen helpt je gezin

Als je werkt aan je eigen innerlijke heling, zul je functioneren als een inspirerend voorbeeld, en zul je de last van iedereen om je heen verlichten, met name van de leden van je gezin. Vooral kinderen pikken op energieniveau de problemen, kwesties of patronen van hun ouders op en zetten ze in hun eigen leven voort. Als de ouder op emotioneel niveau heelt, zal hij of zij dat erfgoed aan de kinderen doorgeven, die vervolgens in hun eigen leven niet dezelfde kwesties hoeven door te maken. Dat gaat altijd op, ook al zijn je kinderen al volwassen. Als je als ouder aan je eigen kwesties begint te werken en beter voor jezelf leert zorgen, meer van jezelf houdt en jezelf heelt, zullen zelfs je volwassen kinderen die aan de andere kant van het land of de wereld wonen het op een of ander niveau voelen, en baat hebben bij jouw proces.

Terwijl ik mezelf heel,
wordt mijn hele gezin
geheeld.

Oprecht leven is moeilijk

We hebben allemaal de neiging gewoon te doen wat anderen doen of wat we altijd al hebben gedaan, omdat het de veiligste of aangenaamste mogelijkheid lijkt. In dat proces laten we vaak na voor onze waarheid uit te komen of ernaar te leven, omdat we bang zijn dat iemand er niet op is gesteld, of dat het kan leiden tot een zeker risico of ongemak. Hoe kunnen we nu ons eigen gevoel van waarheid en integriteit in ons leven op een diepere manier volgen dan we gewend zijn? Hoe kunnen we vandaag het risico nemen voor onze waarheid uit te komen, of meer naar onze waarheid te leven dan we meestal doen?

Vandaag volg ik
mijn eigen gevoel
van waarheid.

21 december

Oefen met kleine stapjes

In je leven je innerlijke leiding volgen voelt vaak aan alsof je over de rand van een afgrond stapt. Alleen door met kleine stapjes te oefenen kunnen we leren onze innerlijke leiding in grote zaken te volgen. Dat betekent dat je in staat bent af te stemmen op wat goed is voor jou, en de moed te hebben ja te zeggen, of nee te kunnen zeggen als iets niet goed is voor je. Die stappen scheppen vertrouwen in jezelf.

Als we eenmaal genoeg hebben geoefend, scheppen we een krachtige verbinding met onze eigen innerlijke bron. En als we die eenmaal hebben, kan *die* ons verder langs de weg voeren.

Iedere dag
verdiep ik mijn relatie met
mijn innerlijke leiding.

Deel je eigen ervaringen met anderen

Deel je proces van heling met mensen die belangrijk zijn voor je. Vertel hen er eerlijk over. Dat is de beste manier waarop mensen kunnen leren. Houd het bij jezelf, bijvoorbeeld: 'Onlangs had ik een boeiend inzicht. Ik zag echt in dat dat patroon van mij invloed heeft gehad op mijn leven. Ik begin het anders te doen, en ik voel echt verandering.' Het zal de belangstelling van mensen die luisteren, wekken. Maar als je hen vertelt wat ze *zouden moeten* doen, is hun eerste reactie: 'Vertel me niet wat ik moet doen,' of: 'Waarom? Denk je dat ik een probleem heb?' Dring hen niet in de verdediging.

Hoe deel ik
mijn veranderingen
met de mensen van wie ik houd?

Het is voldoende als jij verandert

Je hoeft je gezin of vrienden niet om de oren te slaan met wat jij leert. Het is voldoende een echte verandering in je eigen leven aan te brengen. Ze zullen het voelen, of ze er nu wel of niet op reageren, omdat we op energieniveau zo zijn verbonden met de mensen van wie we houden.

Laat hen weten wat je voelt en ervaart. Deel met hen wat je leert over jezelf. Vermijd hen onder druk te zetten om te veranderen of te groeien op de manier zoals jij dat doet. Richt je op je eigen groeiproces. Het zou wel eens kunnen dat je na verloop van tijd een verrassende verandering in hen zult waarnemen.

Ik deel mijn veranderingen
met de mensen die me na staan,
maar ik houd de aandacht op
mezelf gericht.

Herken het onschuldige kind

Iedereen is diep in zijn hart een onschuldig kind dat doet wat het heeft geleerd om te overleven en zich sterk en veilig in deze wereld te voelen. Als je eenmaal alle mechanismen van de persoonlijkheid herkent voor wat ze zijn – manieren om dat kind te verdedigen en te beschermen – kun je alle aspecten van jezelf waarderen. Dan kun je ook het onschuldige kind en het essentiële spirituele wezen in je herkennen.

En als je dat eenmaal hebt gedaan, kun je niet anders dan andere mensen zien zoals je jezelf ziet. Achter de afweermechanismen van hun persoonlijkheid kun je het onschuldige kind zien, en in dat kind herken je hun spirituele wezen. En je reageert op het onschuldige kind en het spirituele wezen altijd met liefde.

In mij
en in iedereen
bevinden zich een onschuldig kind
en een goddelijk wezen.

Het is niet zegenrijker te geven dan te ontvangen

We houden er enkele verkeerde ideeën op na over geven en ontvangen. Mensen proberen letterlijk meer te geven dan ze ontvangen, omdat geven wordt beschouwd als goed en ontvangen als egoïstisch. Daarmee ontkennen we de energetische wet van het universum dat alles naar evenwicht streeft. Als je almaar geeft en niet in gelijke mate ontvangt, raak je uitgeput. Je loopt leeg als je probeert te geven terwijl er niets meer in je zit.
Het is een zegenrijk gevoel te ervaren dat de levenskracht door je heen stroomt als je aan anderen geeft. Maar die levensenergie moet worden aangevuld door ook te ontvangen. Dus is het niet zegenrijker te geven dan te ontvangen. Het is zegenrijk in gelijke mate te geven en te ontvangen, omdat er daardoor evenwicht, integratie en harmonie in je leven komt.

Ik leer
in gelijke mate
te geven en te ontvangen.

Je bent een kunstenaar

Denk aan je leven als een schilderij, en probeer het te scheppen zoals een schilder schildert. Luister naar de levenskracht in je. Vertrouw erop en laat je erdoor meevoeren. Probeer nieuwe kleuren uit. Doe een stap achteruit en kijk naar je schilderij. Wat zegt het over jezelf? Jouw schilderij laat je heel mooi zien wat zich in jou afspeelt.

Ik ben
de kunstenaar van mijn
eigen leven.

27 december

Je leven is je meesterwerk

Je kunt je leven als volgt bekijken: iedere dag schep je een meesterwerk. Terwijl je schept, laat je het op je inwerken, zodat je ziet hoe je kunt veranderen wat je morgen schept. En je moet bereid zijn heel diep en heel oprecht in jezelf te graven om dat te doen. Je moet die weerspiegeling in je opnemen en zien wat ze je echt leert over jezelf. Waar uit je jezelf echt op een manier die volledig en goed aanvoelt voor jou? Waar houd je jezelf in? Waar is er verstoring? Hoe kun je die helen? Waar is deze creatie niet oprecht, en hoe kun je die waarheid te voorschijn laten komen?

Ik leer
dagelijks van mijn eigen
schepping.

We zijn hier om te leren de ziel in de fysieke vorm te manifesteren

De ziel – of universele intelligentie, of ervaring van eenheid – heeft zichzelf op aarde gemanifesteerd om dualiteit te ervaren. Het universum wilde met zichzelf de liefde bedrijven, een relatie met zichzelf hebben. Dus schiep het een wereld waarin we scheiding, individualiteit en onderscheid kunnen ervaren, en tegelijkertijd dat gevoel van eenheid dat altijd overal aan ten grondslag ligt. We zijn hier om te leren over eenheid en dualiteit, versmelting en scheiding. We zijn hier om te leren beide principes te omsluiten, onszelf te kunnen ervaren als één met het universum, en tegelijkertijd als een unieke manifestatie van die universele bron.

Ik ben
apart en uniek, en ik ben
een met alles.

Respecteer het mannelijke en het vrouwelijke in jezelf

Het wordt tijd dat zowel het mannelijk principe van ontdekken, veroveren en scheiding, als het vrouwelijk principe van verbinding, spiritualiteit en eenheid gelijk worden en in evenwicht komen. We kunnen dit doen door de intuïtieve vrouwelijke kracht die we allemaal hebben leren voelen, en erop vertrouwen en haar ondersteunnen met onze mannelijke daadkracht in de fysieke wereld. Als we proberen te luisteren naar onze intuïtie en er ieder moment, in ieder aspect van ons dagelijks leven naar proberen te handelen, integreren we de vrouwelijke en mannelijke kant van onze aard en stemmen die op elkaar af. Naarmate steeds meer van ons zo leven, brengen we de wereld in evenwicht.

Door het mannelijke en vrouwelijke
in mezelf in evenwicht te brengen,
breng ik de wereld
in evenwicht.

We zijn de rentmeesters van de aarde

Omdat we geen contact meer hadden met onze eigen ziel, hadden we geen contact meer met onze natuurlijke omgeving. We waren eerder in conflict met de natuur dan in harmonie met haar. We hebben ons feitelijk beschouwd als de veroveraars van de aarde. Nu moeten we inzien dat de aarde aan onze zorg is toevertrouwd. We zijn de rentmeesters van de aarde.

Ik
verbind me met de zorg
voor deze planeet.

31 december

Stel je het paradijs voor

Stel je voor dat de aarde zelf haar natuurlijk evenwicht herstelt. Mooier, gevarieerder, overvloediger en magischer dan ooit is ze waarlijk een schitterende plek om te leven. Stel je voor dat veel van de instituten en structuren die niet langer in harmonie zijn met de behoeften van de planeet zijn ontmanteld of getransformeerd. De mensheid heeft wijsheid en bewustzijn ontwikkeld, en is daarmee teruggekeerd naar het paradijs.

Iedere dag
komt het paradijs
dichterbij.

Woordenlijst

Affirmatie
Een krachtige, positieve verklaring dat iets *al is zoals het is*. Het is een manier om vorm te geven aan wat je je voorstelt.

Archetype
Een specifiek, universeel energiepatroon of een subpersoonlijkheid. We hebben allemaal in aanleg al de vele archetypen van het universum in ons. Enkele archetypen zijn: het kind, de moeder, de vader, de criticus, de strijder.

Bewustzijn
Het gewaarzijn en het vermogen alle aspecten van onszelf te integreren: Als mens zijn we verwikkeld in een steeds doorgaand, zich steeds verder verdiepend proces van bewustwording dat ons hele leven voortduurt.

Hogere kracht
Een hogere intelligentie, een fundamentele

creatieve kracht of energie in het universum die de bron en de essentie is van al wat bestaat. We zijn er aan gewend die kracht als iets buiten onszelf te beschouwen, maar ze bestaat echt in ons. Andere woorden om hier uitdrukking aan te geven, zijn hoger zelf, innerlijke waarheid, innerlijke bron, universele bron, universum.

Hoger zelf
Zie hogere kracht.

Ikken
Verschillende en onderscheidende energieën of subpersoonlijkheden die we allemaal in ons hebben. De meeste mensen hebben een bepaalde groep ikken die gedurende het grootste deel van de tijd de leiding heeft ('primaire ikken'), en een tegenovergesteld aantal dat wordt onderdrukt ('verdrongen ikken'). Vaak voeren de onderdrukte ikken strijd om naar buiten te komen, terwijl de dominante ikken verwoed proberen het heft in handen te houden. Enkele van onze vele ikken zijn: het kind, de beschermer/controleur, de criticus, de behager, de perfectionist, de strever.

Innerlijke bron, universele bron
Zie hogere kracht.

Integratie
Heelheid; met name de ervaring van accepteren en uitdrukking geven aan al de vele aspecten van onszelf.

Kanaal
In contact zijn met de wijsheid en creativiteit van je eigen diepste bron en die naar buiten brengen. (Een kanaal zijn heeft in dit boek geen betrekking op het psychische proces waarbij een medium in trance gaat en een ander wezen via zichzelf laat spreken.)

Levenskracht
De energie van het universum die door alle materie heen stroomt.

Mannelijk
De actieve energie van zowel mannen als vrouwen; het sterke, naar buiten gerichte, geconcentreerde, actieve deel van onszelf.

Polariteiten
Tegengestelde uiteinden van hetzelfde energiespectrum. De aard van het fysiek niveau is

dualiteit. De waarheid komt in paren van tegenstellingen. Voor iedere waarheid is er een gelijke en tegengestelde waarheid. (Zie 15 februari voor een lijst van enkele van de elementaire polariteiten.)

Proces
Een doorgaande, steeds veranderende reis; 'je proces doormaken' betekent de lessen leren waarvoor je hier bent gekomen.

Projectie
Het proces waarbij we een energie – een gevoel of subpersoonlijkheid – in onszelf afwijzen en die aan iemand buiten onszelf toeschrijven. Door dat te doen geven we haar meer kracht dan anders het geval zou zijn geweest.

Schaduw
De delen van onszelf (gevoelens of energieën) die we hebben verdrongen of afgewezen. Als ze niet op een natuurlijke manier tot uitdrukking kunnen komen, gaan ze ondergronds en 'lekken' op een verwrongen manier uit. Meestal projecteren we die kwaliteiten op iemand die we ofwel veroordelen en niet mogen, ofwel aanbidden en verheerlijken.

Spiegelen
Een manier om de wereld om ons heen te gebruiken als een spiegel van ons eigen innerlijk proces. Aangezien we allemaal onze eigen werkelijkheid scheppen, fungeert ons uiterlijk leven als een spiegel die duidelijk laat zien wat er in ons gaande is.

Universum
Zie hogere kracht.

Verdringing
Verwerpen en ontkennen dat een bepaalde energie deel uitmaakt van jezelf. Dit gaat hand in hand met projectie. Als we eenmaal besluiten dat een energie niet een deel vormt van onszelf, kunnen we haar alleen maar in iemand anders zien.

Visualisatie
Een proces van heel diep ontspannen en vervolgens in je geest een voorstelling maken van wat je je ten doel hebt gesteld, hetgeen vervolgens in de buitenwereld zal worden gemanifesteerd.

Vrouwelijk
De innerlijke intuïtieve energie van zowel

mannen als vrouwen; het ontvankelijke, voelende deel van onszelf dat is.

Eerder verschenen in de LOTUS-REEKS:

HET ONPERSOONLIJKE LEVEN

224 blz., gebonden

*

Pat Rodegast/Judith Stanton

EMMANUELS BOEK I

Een weg naar vrijhe
id, vreugde en vrede

192 blz., gebonden, geïllustreerd

*

EMMANUEL, OVER LEVEN, LIEFDE EN LIJDEN

Emmanuels boek II

160 blz., gebonden, geïllustreerd

*

Paul Salim Kluwer

DOMME, VERSTANDIGE EN WIJZE MENSEN

Vierde druk, 144 blz., gebonden

*

Ellen van Monsjou-Krijger

'DAG MAM'

Wat mijn dochter mij leerde doordat ze zelf een eind aan haar leven maakte

Tweede druk, 116 blz., gebonden, geïllustreerd